PARENTALIDADE MODERNA E SAUDÁVEL

Telas e outros desafios dos pais

COORDENAÇÃO EDITORIAL
Adriana Tonelli

PARENTALIDADE MODERNA E SAUDÁVEL

Telas e outros desafios dos pais

© LITERARE BOOKS INTERNATIONAL LTDA, 2022.

Todos os direitos desta edição são reservados à Literare Books International Ltda.

PRESIDENTE
Mauricio Sita

VICE-PRESIDENTE
Alessandra Ksenhuck

DIRETORA EXECUTIVA
Julyana Rosa

DIRETORA DE PROJETOS
Gleide Santos

RELACIONAMENTO COM O CLIENTE
Claudia Pires

EDITOR
Enrico Giglio de Oliveira

ASSISTENTE EDITORIAL
Luis Gustavo da Silva Barboza

REVISÃO
Bruna Trindade e Renata Siqueira

CAPA
Victor Prado

DESIGNER EDITORIAL
Lucas Yamauchi

IMPRESSÃO
Gráfica Paym

Dados Internacionais de Catalogação na Publicação (CIP)
(eDOC BRASIL, Belo Horizonte/MG)

P228 Parentalidade moderna e saudável: telas e outros desafios dos pais / Coordenadora Adriana Tonelli. – São Paulo, SP: Literare Books International, 2022.
88 p. : il. ; 13,5 x 20,8 cm

Inclui bibliografia
ISBN 978-65-5922-416-6

1. Famílias. 2. Educação de crianças. 3. Pais e filhos. I. Tonelli, Adriana.
CDD 306.8

Elaborado por Maurício Amormino Júnior – CRB6/2422

LITERARE BOOKS INTERNATIONAL LTDA.
Rua Antônio Augusto Covello, 472
Vila Mariana — São Paulo, SP. CEP 01550-060
+55 11 2659-0968 | www.literarebooks.com.br
contato@literarebooks.com.br

SUMÁRIO

7   PREFÁCIO
Adriana Tonelli

9   O IMPACTO DA VIOLÊNCIA E DA NEGLIGÊNCIA CONTRA CRIANÇAS E ADOLESCENTES: COMO TRANSFORMAR ESSA DURA REALIDADE
Adriana Tonelli

21   AS TELAS COMO ALIADAS DE FAMÍLIAS ATÍPICAS
Adriana Czelusniak

29   CONSTRUINDO MEMÓRIAS AFETIVAS
Carol Carrilo

39   *CYBERBULLYING*
Eloisa Baissardo Gagliardi

49   TRAUMATISMOS DENTÁRIOS NA INFÂNCIA
Luciana Rayes

59   ALIENAÇÃO PARENTAL: UMA FORMA DE VIOLÊNCIA QUE PODE SER EVITADA
Marcia Cândida Rocha Vilaça de Barros

71   ALIMENTAÇÃO NO SÉCULO XXI: AINDA ESTAMOS EVOLUINDO?
Melina Cortegoso Ferreira

79   A ATITUDE DOS PAIS DIANTE DOS DESAFIOS
Prisla Fernandes Jean Tranjan

PREFÁCIO

Fiquei muito lisonjeada quando comecei a liderar este projeto incrível sobre a parentalidade saudável, que versa sobre telas e outros desafios, temas tão atuais e complexos que não podem deixar de ser discutidos nos lares brasileiros.

Educar é um desafio e aprendizado eterno; acertos e erros constantes; dificuldades, dúvidas e medos; fantasias e realidade. Uma via de mão dupla, que apesar de ser, por muitas vezes, tortuosa, chegará, independentemente das curvas e atalhos, ao destino final: o desenvolvimento de filhos saudáveis e emocionalmente estáveis, criando cidadãos para um mundo melhor.

Vivemos em um mundo veloz, com mudanças e informações nos rodeando 24 horas por dia nos sete dias da semana. Talvez, educar nossos filhos como fomos educados – com ressalvas, obviamente – não seja a melhor ou a única maneira de exercermos a parentalidade. Por isso devemos nos ater aos pilares da parentalidade saudável e, a partir de então, nos aprofundar e aprender sobre os erros e acertos que podemos cometer para prevenir nossos filhos de possíveis acidentes, traumas, violência, problemas de aprendizado e alimentação, *bullying* e desafeto.

Para compreendermos esta obra belíssima, devemos conhecer os pilares da parentalidade saudável:

- Compreender as necessidades físicas da criança.
- Promover a segurança da criança.
- Promover o desenvolvimento, comportamento e a estimulação da criança.
- Comunicar-se de forma positiva com o filho.

- Exercer uma disciplina positiva por meio do apego seguro e educação positiva.

Não existe uma "receita de bolo" para educar. Mas existem esses pontos que devem ser relevantes para esse processo.

As autoras desta obra são profissionais e mães exemplares, que trazem o suprassumo do que vivenciaram e do que estudaram ao longo da maternagem, dividindo conosco todo esse aprendizado.

Uma obra ampla, repleta de reflexões e lembranças, "linkada" ao mundo real. Tenho certeza de que tudo o que está sendo discutido nos capítulos deste livro será muito bem aproveitado por vocês, pais, mães e cuidadores.

Agradeço a colaboração das autoras, que deram seu tempo, sangue e alma para que esta obra fosse concretizada.

Desejo uma ótima leitura e grandes momentos de reflexão e aprendizado. As autoras se disponibilizam, via redes sociais e e-mail, a esclarecer dúvidas que possam surgir ao longo da jornada de leitura.

Um grande abraço, com carinho.

Dra. Adriana Tonelli

Sou médica pediatra especializada em pneumologia pediátrica. Descobri, na maternidade, meu grande amor, a Rafaella, uma menina linda de 9 anos. Com isso vieram os desafios da educação e uma releitura da minha própria infância. O amor aos livros sempre existiu, e agora utilizo esse caminho para discorrer sobre toda minha experiência na pediatria e da vivência na maternidade. Também fui voluntária numa ONG com pets terapeutas, onde levávamos alegria e esperança às crianças internadas em determinados hospitais infantis de São Paulo.

Contatos
www.draadrianatonelli.com.br
contato@draadrianatonelli.com.br
LinkedIn: draadrianatonelli

1

O IMPACTO DA VIOLÊNCIA E DA NEGLIGÊNCIA CONTRA CRIANÇAS E ADOLESCENTES
COMO TRANSFORMAR ESSA DURA REALIDADE

Exercer a função de pai, mãe ou cuidador é maravilhoso. Entretanto, vários são os desafios ao longo desse caminho e pouco se fala sobre prevenção da violência e educação sexual. Há décadas vivemos conflitos violentos entre crianças e adolescentes, que trazem esses tópicos à tona, mas pouco se incentiva a adoção de medidas preventivas, o alicerce de um futuro seguro. Neste capítulo, trago uma breve reflexão sobre o impacto da violência, as estatísticas e o empoderamento sexual que devemos dar aos meninos e meninas por meio de educação sexual adequada e de qualidade.

ADRIANA TONELLI

Adriana Tonelli

Contatos
www.draadrianatonelli.com.br
contato@draadrianatonelli.com.br
LinkedIn: draadrianatonelli

Médica graduada pela Faculdade Evangélica do Paraná (2001). Pós-graduada em Genética Humana pela Pontifícia Universidade Católica do Paraná (2002). Especializada em Pediatria no Hospital Infantil Darcy Vargas (2006) e subespecializada em Pneumologia Pediátrica pela Faculdade de Medicina da Universidade de São Paulo. Atuante no SUS e em consultório particular. Mãe da Rafaella, de 9 anos, e apaixonada pela maternidade.

No mundo atual, passamos por várias dificuldades relacionadas à educação e à proteção das nossas crianças. Alimentação, sono, afeto, empatia, memórias afetivas, prevenção de acidentes, escolarização e educação são algumas das preocupações que todas as famílias têm vinculadas ao desenvolvimento saudável dos filhos. Mas não menos importante é a educação sexual e a proteção contra a violência.

A violência contra a criança e o adolescente tornou-se um problema de saúde pública. Além das dores e cicatrizes físicas, devemos lembrar que a violência acarreta transtornos mentais e interrompe o desenvolvimento saudável para essa população, além da questão do desempenho escolar.

Os profissionais de saúde devem estar atentos a isso e promover uma rede de cuidado nas esferas municipal, estadual e federal a fim de proteger o desenvolvimento normal e a segurança dessas crianças. O Estatuto da Criança e do Adolescente (ECA), criado há 27 anos, visa proteger e defender crianças e adolescentes brasileiros. Entretanto, haja vista a desigualdade existente no nosso país, esses direitos não chegam de forma igual para todas as crianças vulneráveis.

Sabemos que a primeira exposição à violência é a doméstica. Crianças e mulheres costumam ser espancadas por outro indivíduo geralmente da família, assim como acontece em casos de violência sexual. Isso acontece como forma de perpetuação da violência como forma de educação. Além da criança ser violentada fisicamente, ela também testemunha a violência contra sua mãe; estima-se que pelo menos metade das crianças se feriram ao tentar intervir para proteger a mãe do parceiro dela.

Outra forma de violência testemunhada é a comunitária. As crianças que residem em áreas de alta criminalidade, principalmente, já presenciaram tiroteios, esfaqueamentos ou até viram cadáveres. A televisão é um veículo de exposição à violência em todo mundo. Crianças assistem mais de 20 horas semanais de TV, e cada vez mais cenas de violência invadem os noticiários e, infelizmente, muitas famílias não proíbem seus filhos de assistirem a esses programas. Vários eventos graves noticiados impactaram a saúde emocional das crianças e adolescentes de todo mundo, trazendo sintomas de estresse e ansiedade. Para exemplificar, podemos citar o 11 de setembro de 2001 e a pandemia da covid-19.

Estamos vivendo um momento de crescimento da violência não só contra crianças e adolescentes, mas também contra mulheres e comunidade LGBT. A pandemia da covid-19 obrigou-nos à restrição de circulação e ao isolamento social, com isso o abuso de vulneráveis cresceu. Recentemente, ocorreu o 8º Seminário Internacional do Marco Legal da Primeira Infância, promovido pela Frente Parlamentar da Primeira Infância na Câmara dos Deputados, com o objetivo de avaliar a aplicação da legislação de proteção a crianças e adolescentes em todo o país.

Discutiu-se também o impacto da pandemia de covid-19 sobre essa parte da população, já que a suspensão das aulas presenciais, o fechamento das creches, a restrição da frequência às unidades básicas de saúde fez com que crianças e adolescentes permanecessem mais tempo com seus agressores. Além disso, o agravante de delegacias com funcionamento limitado e com demora na promoção das adaptações para promoverem o correto registro de ocorrência dos fatos.

A falta da rede de proteção a crianças e adolescentes criou um espaço de vulnerabilidade, promovendo o crescimento de violência sexual, agressão, homicídio, feminicídio, infanticídio, entre outros.

Análise regional da violência no Brasil

Analisando as estatísticas sobre o aumento da agressão no Brasil com relação aos últimos dois anos, nota-se o aumento de casos de mortes violentas intencionais (MVI), em torno de 4% em todas as idades, se comparada a anos anteriores. Entre crianças e adolescentes de 0 a 19 anos, é possível verificar que as maiores taxas de morte violenta estão nos estados do Nordeste e Norte, que acumulam as maiores taxas de letalidade violenta na última década. Os piores estados são, em ordem de frequência, Ceará, Rio Grande do Norte, Sergipe e Pernambuco.

Quanto ao perfil das vítimas de mortes violentas intencionais, optou-se por utilizar a divisão de 0 a 4 anos, 5 a 9 anos, 10 a 14 anos e 15 a 19 anos (diferentemente das faixas etárias utilizadas por órgãos como UNICEF, Organização Mundial da Saúde e Ministério da Saúde). Dessa forma, permitiu-se fazer uma comparação com os registros dos boletins de ocorrência realizados nas delegacias e, portanto, da área de segurança pública com os registros de mortes por causas externas. Nessa distribuição, 91% das vítimas estavam na faixa de 15 a 19 anos, o que é a maioria dos casos. Do restante, 5% possuíam entre 10 e 14 anos, 1% entre 5 e 9 anos e 3% entre 0 e 4 anos.

A distribuição do sexo mostra que a maior parte das vítimas em todas as faixas etárias é do sexo masculino. Neste gênero, 59% têm entre 0 e 4 anos e 52% entre 5 e 9 anos. Ao passo que esse percentual aumenta para 77% entre 10 e 14 anos e 90% entre 15 e 19 anos. Isso pode indicar que a natureza dos crimes é diferente entre faixas mais novas e mais velhas.

Quanto aos dados de raça e cor, as vítimas apresentam variação entre as faixas etárias. Porém, entre todas as faixas etárias, os maiores percentuais então de negros. Na faixa de 0 a 4 anos, esse percentual é de 45% de negros, 32% de vítimas brancas e, os demais, 24% são classificados como "outros". Já na faixa etária de 5 a 9 e 10 a 14 anos, os negros passam a representar 73% e 74%, respectivamente. Na faixa etária seguinte, dos 15 aos 19 anos, os negros representam 80% das vítimas.

Os crimes fatais que acometem crianças e adolescentes de 0 a 19 anos são os homicídios dolosos (82,4%) e o segundo crime que mais acomete as vítimas entre 0 e 9 anos é a lesão corporal seguida de morte. Entre 10 e 14 anos, há um aumento das mortes por conta de intervenção policial. O feminicídio também aparece com aproximadamente 4% a 5% dos registros dessas faixas etárias.

O instrumento utilizado é mais uma demonstração de como as características dos crimes mudam de acordo com a faixa etária das vítimas. As crianças de 0 a 4 anos são mortas, em 47% dos casos, por meio de agressão. Entre 5 e 9 anos, as armas de fogo passam a ser o instrumento mais utilizado em 50% dos crimes. Entre 10 a 19 anos, a proporção de uso de armas de fogo cresce drasticamente e é o principal instrumento utilizado em 85% das mortes de adolescentes de 15 a 19 anos.

Em relação ao tipo de local onde ocorreram os crimes, 43% das mortes violentas de crianças de 0 a 4 anos aconteceram nas próprias residências. À medida que as vítimas se tornam mais velhas, aumenta o percentual de crimes que ocorrem em vias públicas. Quando se trata de crianças mais novas, a tendência maior é que os crimes aconteçam ao longo da semana e, na maioria (em torno de 80% dos casos), os agressores são conhecidos das vítimas. Já entre as vítimas de 15 a 19 anos, apenas 30% conheciam seus agressores.

Segundo dados americanos, grupos que vivem na pobreza têm maior número de notificações de abuso físico, devido a crises frequentes em suas vidas (desemprego, superlotação nas moradias), acesso limitado a recursos econômicos ou sociais, aumento da violência na comunidade em que vivem, pobreza, associados a outros fatores de risco como paternidade e maternidade na adolescência, ausência do parceiro, abuso de substâncias psicoativas, intervenção maior de agentes da comunidade e vizinhos.

Estupro e estupro de vulneráveis

Estupro de vulneráveis é definido como o estupro ocorrido em crianças com menos de 14 anos. Na pandemia, registrou-se, nas delegacias, menor número de estupros entre crianças e adolescentes, porém estima-se que essa baixa notificação ocorreu devido ao momento de isolamento social e funcionamento reduzido das delegacias, com menor número de atendentes devido a afastamentos de funcionários dos grupos de risco.

Sabe-se que o estupro é um problema, acontecendo em sua maioria entre 0 e 13 anos (77%). É um crime frequente e importante e deve ser levado em conta quando se discute infância no Brasil. O perfil das vítimas de 0 a 19 anos é do sexo feminino (85%); dentre essas, 13% tinham entre 0 e 4 anos, 24% entre 5 e 9 anos, 38% entre 10 e 13 anos e 25% entre 14 e 19 anos.

Quando se analisam as vítimas do sexo masculino, a maioria se encontra nas faixas etárias mais baixas. Dentre o total de vítimas de estupro do sexo masculino de 0 a 19 anos, 66% têm entre 0 e 9 anos. Dessa forma, diferentemente das mortes violentas intencionais, o estupro é um crime que atinge mais pessoas do sexo feminino em todas as faixas etárias. Apesar de ser em um volume muito menor, esse é um crime que também atinge meninos, especialmente nos primeiros anos de vida.

Em todas as faixas etárias, a maior parte dos crimes acontece dentro da residência da vítima. Independentemente de faixa etária, em 83% dos casos de estupro de 0 a 19, os agressores são pessoas conhecidas da vítima. Ou seja, mesmo que o crime não ocorra nas residências, a chance de ser cometido por um conhecido da vítima é alta.

Educação sexual e empoderamento

Pouco se fala em educação sexual para crianças e adolescentes. Assunto que se resumia a explicar a reprodução humana e agora foi tirado da grade escolar. Nada se falava sobre abusos, violência, prevenção. A educação sexual é a melhor prevenção contra o abuso sexual. Saber quando falar e sobre o que falar, deve-se respeitar o momento e a forma adequados de se falar com cada criança, respeitando o desenvolvimento e evitando equívocos. Dessa forma, podemos empoderar meninos e meninas sobre seu próprio corpo sem reprimi-los.

Recentemente, no Brasil, fomos surpreendidos com duas notícias de estupro, uma delas de estupro de vulnerável, com dois desfechos diferentes. Uma criança de 11 anos foi estuprada por um adolescente de 13 anos (portanto, ambos vulneráveis) e lutou na justiça para praticar o aborto, cuja legalização só é permitida no caso de estupro.

Há vários pontos a serem levantados aqui, se foi estupro ou não, o direito de abortar ou não, a defesa dos direitos previstos no Estatuto da Criança e do Adolescente e a proteção da criança. Nesses casos, são cabíveis medidas protetivas aos dois, e investigar inclusive se o adolescente não sofre com questões de abandono e negligência. Ou seja, violência e negligência doméstica causando violência sexual. Esse caso levantou a bandeira da discussão da educação sexual para as crianças e como isso pode prevenir atos graves. A criança teve a autorização de cometer o aborto legal e foi protegida pela lei.

O outro caso foi de uma atriz que optou por levar a gestação ao final após um estupro, entretanto ela não quis seguir com a maternidade e entregou a criança à adoção, fato que não é crime e é de direito da mulher. O que se discute aqui é o direito da entrega à adoção, evitando-se abandonar o menor. Falamos aqui novamente de negligência, traumas psicológicos e todas as complicações no desenvolvimento que uma criança abandonada sofre.

O que falar com meninos e meninas nas diferentes faixas etárias

Devemos conversar com nossas crianças de forma clara e adequada para cada faixa etária, esclarecendo dúvidas, nomeando os órgãos de forma correta, dando noções de proteção, respeito, intimidade e limites.

A seguir, um roteiro ilustrativo sobre os tópicos que podem ser abordados com crianças e adolescentes das várias faixas etárias.

Abordagem de crianças menores de 4 anos:

- meninos e meninas são diferentes;
- nomes corretos dos órgãos genitais;
- bebês vêm da barriga das mães;
- resposta às perguntas básicas sobre o corpo e seu funcionamento;
- explicação sobre privacidade. Por exemplo: porquê cobrimos as partes íntimas, não tocar em partes íntimas dos colegas;
- a diferença entre os toques agradáveis e bem-vindos e toques que são invasivos e desconfortáveis;
- nenhuma criança ou adulto tem o direito de tocar as suas partes íntimas;
- diga 'não' quando adultos pedem que você faça coisas erradas, como tocar partes íntimas ou guardar segredos;
- para quem pedir ajuda caso seja tocado nas partes íntimas.

Abordagem de crianças de 4 a 6 anos:

- os corpos de meninos e meninas mudam quando crescem;
- explicações simples sobre o processo de nascimento dos bebês;
- regras sobre limites pessoais (como não tocar em partes íntimas de crianças);
- respostas simples a todas as perguntas sobre o corpo humano;
- abuso sexual é alguém tocar em suas partes ou pedir que você toque em partes íntimas dele, mesmo que seja por alguém que você conhece;
- abuso sexual nunca é culpa da criança;
- se um estranho tenta levá-lo com ele ou ela, correr e contar para os pais, professor, vizinho, policial ou outro adulto.

Abordagem de crianças e adolescentes de 7 a 12 anos em fase de pré-puberdade:

- o que esperar e como lidar com as mudanças da puberdade;
- o abuso sexual pode ou não envolver o toque;
- como manter a segurança e limites pessoais quando conversar ou conhecer pessoas on-line;
- como reconhecer e evitar situações sociais de risco.

Abordagem de crianças e adolescentes de 7 a 12 anos em fase de puberdade:

- regras de encontros;
- noções básicas de reprodução, gravidez e parto;
- riscos da atividade sexual (gravidez e doenças transmitidas);
- noções de contracepção.

Use conteúdos lúdicos e educativos para facilitar o diálogo com crianças e adolescentes

Há diversos conteúdos educativos voltados à prevenção da violência sexual contra crianças e adolescentes. Alguns deles a serem citados são: *Pipo e Fifi*, de Caroline Arcari; *O segredo de Tartanina*, de Alessandra Rocha Santos Silva, Sheila Maria Prado Soma e Cristina Fukumori; *Não me toca seu boboca*, de Andrea Taubman.

Existem várias campanhas e projetos educativos que têm como objetivo prevenir e enfrentar a violência sexual, promovendo o conhecimento do próprio corpo e a prevenção de abusos sexuais e o uso do Disque 100 para denunciar abusos.

Cuidar das crianças e adolescentes, trazendo detalhes sobre como se prevenir das violências física e sexual é um desafio, mas um capítulo não menos importante, que deve sempre ser abordado pelos pais, profissionais de saúde e educadores, a fim de identificar precocemente, contornar e prevenir os abusos de quaisquer natureza, promovendo proteção integral com a rede de apoio da criança.

Referências

BEHRNAM, R. E.; KLIEGMAN, R. M.; JENSON, H. B. *Tratado de pediatria*. Rio de Janeiro: Elsevier, 2005, Vol. I, pp. 131-145.

CÂMARA DOS DEPUTADOS. *Pandemia de covid-19 deixou as crianças mais vulneráveis à violência, dizem especialistas*. Disponível em: <https://www.camara.leg.br/noticias/862757-pandemia-de-covid-19-deixou-as-criancas-mais-vulneraveis-a-violencia-dizem-especialistas/#:~:text=O%20deputado%20Zacharias%20Calil%20(Uni%C3%A3o,contemplavam%20esse%20tipo%20de%20situa%C3%A7%C3%A3o>. Acesso em: 21 jul. de 2022.

CHILDHOOD BRASIL. *Educação sexual para a prevenção do abuso sexual de crianças e adolescentes: como falar sobre sexualidade e prevenção do abuso sexual com crianças e adolescentes de acordo com cada faixa etária*. Disponível em: <https://www.childhood.org.br/educacao-sexual-para-a-prevencao-do-abuso-sexual-de-criancas-e-adolescentes#:~:text=Ensinar%2C%20desde%20cedo%20e%20com,de%20proteger%20crian%C3%A7as%20e%20adolescentes>. Acesso em: 21 jul. de 2022.

CNN BRASIL. *Polícia investiga garoto de 13 anos e circunstâncias de estupro de menina de 11 em SC*. Disponível em: <https://www.cnnbrasil.com.br/nacional/policia-investiga-garoto-de-13-anos-e-circunstancias-de-estupro-de-menina-de-11-em-sc/>. Acesso em: 21 jul. de 2022.

FERRARI, L. *Caso de atriz estuprada levanta questão da entrega à adoção*. Disponível em: <https://gauchazh.clicrbs.com.br/geral/noticia/2022/06/caso-de-atriz-estuprada-levanta-questao-da-entrega-a-adocao-cl4wolpz0001o01coshi6ugok.html>. Acesso em: 21 jul. de 2022.

PRIMEIROS 1000 DIAS. *Violência doméstica na primeira infância e a "Lei da Palmada"*. Disponível em: <https://www.primeiros1000dias.com.br/artigos/violencia-domestica-na-primeira-infancia-lei-da-palmada>. Acesso em: 21 jul. de 2022.

REINACH, S. A violência contra crianças e adolescentes na pandemia: análise do perfil das vítimas. *Anuário brasileiro de segurança pública*. Disponível em: <https://forumseguranca.org.br/wp-content/uploads/2021/07/13-a-violencia-contra-criancas-e-adolescentes-na-pandemia-analise-do-perfil-das-vitimas.pdf>. Acesso em: 21 jul. de 2022.

2

AS TELAS COMO ALIADAS DE FAMÍLIAS ATÍPICAS

Famílias que possuem integrantes com autismo constantemente enfrentam grandes dificuldades para encontrar maneiras de interação que favoreçam as relações familiares. Neste capítulo, Adriana Czelusniak conta como encontrou, no uso das telas, em filmes e séries mais precisamente, uma forma de despertar o interesse e a comunicação sobre temas importantes com seu filho, Gabriel.

ADRIANA CZELUSNIAK

Adriana Czelusniak

Contatos
adricze@gmail.com
Instagram: @vivendoainclusao
@rumoaocentro
41 98879 4010

Jornalista e especialista em Gestão da Comunicação e em Cinema. Especializou-se em Transtorno do Espectro Autista após o diagnóstico do filho Gabriel, ocorrido em 2008. Treze anos depois, confirmou que ela também está no espectro. É palestrante em eventos educacionais e de saúde a respeito da inclusão e da conscientização sobre neurodiversidade e autismo desde 2012. Graduando em Psicologia, estuda *Mindfulness* e Práticas Integrativas Complementares (PICS), sendo especialista em Aromaterapia e em Fitoterapia. Atua como facilitadora do Método Louise Hay e realiza oficinas de comunicação não-violenta e de inclusão das emoções desde 2020, em que aborda, com crianças, adolescentes e adultos, a inteligência emocional, o autoconhecimento e a harmonia nas relações.

Caro leitor, esta será uma leitura um pouco diferente. Não será um alerta, não vou dar conselho sobre parentalidade. Todos nós sabemos o quanto tem sido desafiador lidar com essa forte atração que as novas gerações têm pelas telas e pela internet. Há quem diga que o excesso de tempo conectada, ou como telespectadora, pode levar uma criança a um comportamento semelhante ao do autismo, chamado informalmente de autismo virtual. Segundo determinados estudos de casos clínicos, crianças pequenas, expostas excessivamente às telas (TVs, computadores, tablets e videogames) estariam apresentando sintomas próprios do espectro autista. Mas quem realmente estuda o transtorno, sabe que ele vai muito além de certos comportamentos.

Ora, já é sabido que a diferença entre o veneno e o remédio muitas vezes é a dose, frase comumente atribuída ao médico e físico suíço Paracelso. Veremos aqui como as telas podem ajudar quem lida com o autismo dentro de casa. Esta é uma história real! À frente das telas estamos eu, como adulta com autismo leve recém-reconhecido, e meu filho adolescente com autismo moderado, descoberto há mais de 12 anos. Nesse sentido, caro leitor, minha reflexão vem mostrar outro lado, uma possibilidade de enxergar as horas diante das telinhas como algo que pode promover o desenvolvimento das crianças e aproximar pais e filhos. Em breve chegaremos lá; antes, vamos partir do princípio: como essa nossa história começou.

Foi em um dia de calor escaldante de abril, atípico de tão quente, que meu primeiro e único filho nasceu, na capital paranaense. A geralmente amena Curitiba. Foi amor à primeira vista, um encontro que estava sendo muito esperado. Eu tinha 24 anos e uma tonelada de inseguranças. Não tinha muito jeito para pegá-lo no colo, tinha receio de como segurá-lo para amamentar, à noite tinha pesadelos em que o derrubava no chão. Em alguns momentos, durante a noite, pedi pra ele passar um tempinho no berçário, mas que o trouxessem para mamar. Infelizmente soube depois que, mesmo contra minha vontade, deram fórmula infantil para ele no berçário, mas isso é assunto para outro capítulo.

A maternidade me parecia uma tarefa das mais importantes; assim, queria fazer tudo direito, sem prejudicar meu filho e sem deixar faltar nada. Os dias se tornaram semanas, e em algumas práticas fui me tornando cada vez mais habilidosa: no banho, no corte das unhas e nas fraldas, tudo ia se tornando mais fácil. No entanto, não havia avanços em um quesito: o choro. Por mais que lesse livros sobre bebês, sobre maternidade e sobre as melhores práticas de cuidado, ainda assim o choro do Gabriel era constante. Nem mesmo o *checklist* básico era páreo para essa empreitada. Seria a fralda, seria o calor, o frio, fome, cólica, tédio? Por eliminação geralmente se chegava a uma grande interrogação. E quanto à pediatra? Bem, ela levantava dúvidas, mas sem nenhuma resposta.

Lembro-me de ao menos três situações, em consultas diferentes, em que ele chorou bastante ao ser examinado. A médica apenas disse que aquilo era estranho e que não era para ele estar chorando tanto. "Tenho um filho chorão!", o que mais eu poderia pensar? O primeiro ano foi bastante difícil, o suficiente para eu ter certeza de que não teria outro filho e me surpreender quando alguma mulher dizia que queria ter um segundo, terceiro. Na minha cabeça, ter um bebê seria sempre daquela forma. Como alguém iria querer passar por isso mais de uma vez?

É claro que apenas nos momentos de choro é que a dificuldade alcançava o patamar mais alto. Nos momentos em que estava tranquilo, meu filho era calmo, esperto e encantadoramente amoroso. Como eu acompanhava o desenvolvimento dele por um "livro do bebê", conseguia perceber que tudo ia bem. Gabriel segurou objetos, rolou, se sentou, falou as primeiras palavras, engatinhou e andou na idade esperada. O amor por ele crescia a cada dia. Isso a choradeira não atrapalhava de maneira alguma.

Crescimento

Algo aconteceu na época em que Gabriel completou seu primeiro ano de vida, mais ou menos na época em que decidi que poderia parar de amamentá-lo no peito. Ele já não chorava tanto, dava seus passinhos, estava mais independente para comer e muito interessado em explorar o ambiente, os objetos, adorava assistir à TV ou a vídeos pelo computador. As crises de raiva ainda ocorriam de vez em quando, e ainda era difícil ter um tempo de espera. Isso se prolongou nos anos seguintes. Por exemplo, se íamos a um restaurante, ele não ficava sentado à mesa mais do que um minuto. Tínhamos de ficar andando com ele. Para podermos comer, nessas situações levávamos um aparelho de DVD portátil e seus DVDs favoritos. Era comum perceber olhares de reprovação em uma época em que não se dava celular ou tablet para crianças como ocorre hoje.

Com o tempo, fui percebendo que as crises de raiva ocorriam quando ele não compreendia algo, como quando sem querer mordia sua própria bochecha ao comer e sentia dor, ou quando queria explicar algo, mas não conseguia se fazer entender. Nesse momento ele gostava de joguinhos do site de um canal de TV a cabo. Por esses jogos envolverem muitas letras e números, aos três anos Gabriel já sabia ler e escrever muita coisa. Não tinha interesse em brincar ou interagir com outras crianças; parecia cada vez mais claramente preferir estar sozinho.

Eis que letras e números se tornaram seu foco. Se não estava com letras de madeira ou plástico, estava com letras que a pedido dele recortávamos das embalagens de alimentos. Não havia interesse por nenhum outro brinquedo; ou estava com as letras ou com algum objeto aparentemente aleatório: um relógio sem pilha, um pente, uma caixa de creme dental. Ele estava com ecolalia (repetia frases que ouvia, por exemplo, pedindo para comer dizendo: "você quer comer?") e com atraso na formação de suas próprias frases, isso somado a algumas manias, como ficar rodando no mesmo lugar e não responder quando chamado, o que nos levou a buscar um neuropediatra. Na primeira consulta, depois de uma "birra" diante do médico, a palavra autismo foi citada pela primeira vez.

Intervenção

Há muitos capítulos possíveis nesta história, mas aqui vou focar em uma das dificuldades que tive e que tenho conseguido contornar em parte. A partir do diagnóstico, Gabriel teve acesso a profissionais especializados que o ajudaram em diversas questões. À medida que ele teve avanços na área da linguagem, adquirindo mais habilidades para se fazer entender, as crises de descontrole foram diminuindo. Passamos a entender também que, quando ele encasquetava com alguma ideia, era preciso estratégia; não adiantava dizer que aquilo não tinha importância ou tentar mudar de assunto. Era preciso informações que fizessem sentido para ele, uma vez que, assim que via lógica nos argumentos, podíamos seguir a vida.

Houve muitos avanços, mas, como mãe, ainda sentia muita falta de uma conexão maior com ele, de estabelecer um diálogo, falar sobre situações que poderiam ajudá-lo nas relações interpessoais. Minha primeira estratégia mais significativa foi relatar a ele diversas situações engraçadas ou dramáticas da minha própria história. Dávamos muita risada (até hoje rimos juntos quando lembramos de algumas situações). Percebo que isso me ajudou a mostrar a ele que não precisamos ser perfeitos, que tudo bem errar, ser excluído, sofrer *bullying* ou passar vergonha. Mostrei a ele que podemos arriscar e experimentar coisas novas e, mesmo que algo não funcione bem hoje, tudo pode ficar bem amanhã.

Telespectadores

Não sei dizer quando que me dei conta de que as telas seriam uma forma de aumentar seu repertório, não as usando apenas para entretenimento ou passatempo, mas como uma espécie de laboratório. Depois de uma usual resistência a assistir a algo comigo, Gabriel acabava por aceitar algumas das sugestões de vídeos, séries ou filmes. Isso segue até os dias de hoje. Uma das nossas atividades mais bacanas é justamente assistir a algo juntos. Eu normalmente proponho, ele geralmente resiste.

Nessa hora eu costumo ter de fazer alguns movimentos. Uma inocente "minichantagem" emocional às vezes se faz necessária para ele sair de suas atividades e vir se sentar no sofá comigo. E tenho duas outras estratégias. Primeiro, fazer comentários e jogar no ar perguntas para estimular a atenção dele, aumentar seu grau de interesse para que ele fique assistindo até estar genuinamente interessado na história e querer continuar assistindo. Se tudo está rolando bem, mãos à obra. Começo a captar momentos que sejam interessantes e faço umas paradas para perguntar o que ele faria, o que eu faria ou abrir espaço para novas possibilidades, imaginando o que mais poderia ser feito naquela situação.

Apenas para ficar no exemplo das séries, já assistimos juntos a *Anne with an E*, *Pipi Meialonga*, *Atypical*, *The Nanny*, *Sherlock Holmes*, *Once Upon a Time*, sendo a maioria propostas minhas. Ao assistir a essas séries, pudemos conversar sobre neurodiversidade, relações familiares disfuncionais, desafios, solidão, autonomia e coragem, além de dilemas éticos e perdão. Mas houve outras séries às quais assistimos por iniciativa dele, como *100 Humanos* e *Vis a Vis*, esta última para maiores de 18 anos. Resisti o quanto pude, mas, quando vi que ele iria assistir de qualquer forma, preferi estar junto para podermos falar sobre temas sensíveis que aparecem, como diversos tipos de violência. *The Good Place* também foi iniciativa dele e rendeu diversas conversas sobre filosofia, ética e até uso de palavrões.

Hoje percebo a riqueza de informações que as telas proporcionam, embasando nossas conversas que, em situações cotidianas, eu não percebia abertura para iniciar com ele e muito menos dar continuidade, ouvindo suas opiniões e podendo me fazer ouvir também. Com o tempo, aprendi que é preciso me esforçar para não ter preconceito com o que ele gosta de assistir. Houve uma fase em que eram *youtubers* muito infantilizados, que nada tinham a ver com a faixa etária dele, mas atualmente são os vídeos de "zoeira", repletos de palavrões. Por mais que eu não goste, se eu rechaço, isso o afasta de mim. Então vez ou outra me vejo nesse empenho de assistir a algo que ele me apresenta sem recriminar. É sua forma de se comunicar comigo também. Juntos observamos, juntos refletimos e crescemos, à medida que nossa relação também se estreita, com balde de pipoca ou sem.

3

CONSTRUINDO MEMÓRIAS AFETIVAS

Este capítulo é um convite à reflexão sobre a importância da construção de memórias afetivas na primeira infância. Diante de uma era altamente tecnológica, estamos, aos poucos, deixando de lado o contato físico e as demonstrações de afeto. É um bom momento para desacelerar e pensar: como você quer ser lembrado pelos seus filhos? Quais memórias escreverão a sua história no futuro?

CAROL CARRILO

Carol Carrilo

Contatos
psi.carolcarrilo@gmail.com
Instagram: @carol.carrilo

Estudante de Psicologia (Centro Universitário das Faculdades Metropolitanas Unidas) e administradora graduada em 2004 pela Pontifícia Universidade Católica (PUC-MG), com pós-graduação em Gestão de Pessoas (PUC-MG). Trocou uma profissão de mais de dez anos no mundo corporativo pela fotografia de famílias e, atualmente, está em nova transição de carreira. Nunca é tarde para mudar. Mãe da Luisa em tempo integral e apaixonada pelo desenvolvimento humano.

> *É brevíssimo o tempo presente, a ponto mesmo de*
> *que para alguns pareça inexistente.*
> SÊNECA

Viemos de uma geração que torcia para que nenhuma fotografia saísse queimada do rolinho de 12 poses. Filmes de 24 ou 36 poses duravam meses. Vivíamos na expectativa quando mandávamos os negativos para revelar. Fotografias em um pequeno álbum de papel, algumas muito escuras, outras com a cabeça cortada, mas memórias eternizadas e uma família inteira que se reunia para olhar aquelas imagens, conversar sobre o cotidiano e sobre tudo o que se viveu.

Qualquer pequena reunião de família era motivo para pegar a caixa de fotografias, os pequenos álbuns de folhas plásticas, espalhar tudo pelo chão da sala ou na mesa da cozinha e comentar sobre aquela viagem à praia, sobre o Natal no interior, sobre o fim de semana em que as crianças tomaram banho de mangueira. Relembrando o que foi vivido e revivendo os afetos é que descobrimos o verdadeiro valor daqueles momentos, e nos damos conta de que o que nos restou foram as memórias.

As crianças nascidas após 2010 fazem parte de uma geração tecnológica para quem o mundo analógico é algo longínquo e antiquado. A geração alfa nasce em meio a um mundo acelerado, no qual as pessoas são bombardeadas com informações por todos os lados, o tempo todo, e no qual impera um imediatismo fora do comum, com uma necessidade de pertencimento e aprovação que nunca se viu antes. Além disso, o fácil acesso à tecnologia e às telas na primeira infância tem gerado polêmicas e discussões acerca dos benefícios e dos malefícios de expor crianças tão pequenas ao mundo digital.

Existem vários especialistas pesquisando e debatendo sobre o assunto, mas não é sobre o acesso precoce às telas que quero me prender. Vou pegar outra avenida para trazer uma reflexão sobre quais são as memórias afetivas que deixaremos para nossos filhos. Em meio a milhares de fotografias que estão no rolo de câmera do seu aparelho celular, quantas memórias de momentos verdadeiramente vividos com seus filhos você tem?

A provocação é incômoda, mas necessária. Vivemos em uma era em que somos diariamente engolidos por redes sociais, em que o número de seguidores fala mais alto que o número de amigos, o número de curtidas em uma postagem fala mais alto que a quantidade de sorrisos ou suspiros que um momento causou. Estamos mais preocupados em criar registros do que construir memórias, e isso tem um preço. Uma hora a conta chega.

Antes de ser mãe, eu trabalhei fazendo ensaios fotográficos de famílias, especialmente de gestantes e bebês. Existe uma linguagem visual que compõe um ensaio. De alguma forma, quem está fotografando empresta seu olhar para contar a história de outra pessoa. É um meio poderoso de expressar uma visão diferenciada sobre determinado assunto. Atrás das câmeras, visualizo olhares, toques e expressões que, muitas vezes, diante das lentes cotidianas de uma vida corrida, passam despercebidos. São frações de segundos e, em um clique, fica registrada aquela sensação. Com muita frequência, minhas clientes me escreviam emocionadas depois de um ensaio fotográfico, dizendo que aquelas fotografias tinham algo de especial. Mas eu me perguntava: o que teria de tão diferente?

Foi a partir de então que eu comecei a prestar mais atenção aos momentos em que eu estava fotografando. Durante os ensaios fotográficos, estimulava as pessoas a vivenciarem o instante. Fazia as fotografias de porta-retrato, mas as que mais emocionavam eram as que surgiam entre uma pose e outra. Era um sorriso despretensioso quando o vento batia no cabelo, um olhar de admiração para o companheiro, uma lágrima que descia tímida pelo rosto, um abraço forte do avô ao ver sua neta, o semblante de realização da mãe ao olhar para a filha. Ao me escreverem agradecendo, essas clientes não me agradeciam pelos registros, mas pelas memórias afetivas que criaram.

Quando falamos sobre os desafios da parentalidade moderna, esbarramos em questões tecnológicas. Na falta de tempo livre disponível com os filhos por uma rotina de trabalho que muitas vezes é dupla ou tripla, temos que aprender a lidar com questões delicadas, como o limite ou a falta dele. Estamos o tempo todo comprando livros, nos inscrevendo em cursos e seguindo novos perfis em redes sociais, em busca de soluções mágicas para nossos problemas.

Reclamamos das birras homéricas dos nossos filhos e, consequentemente, da nossa falta de paciência com eles. Depositamos nas crianças todas as nossas expectativas e as cobramos quando não somos atendidos, nos sentindo frustrados. Nos preocupamos tanto com o futuro, buscando escolas diferenciadas, aulas de artes cênicas, marciais e manuais, mas o que de fato estamos fazendo no presente? De que forma estamos colaborando com a construção de memórias afetivas que embasarão a história dessas pequenas pessoas na vida adulta?

Muitas vezes o que nos falta é fazer o óbvio. Falta seguir o instinto, confiar no que se sente, ouvir aquilo que muitos chamam de intuição. Vivemos em uma sociedade que mede o sucesso em valores monetários e estamos inseridos em uma cultura que cada vez mais afasta os pais de seus filhos. Estamos muito preocupados com o que os outros pensam a respeito da nossa forma de criar os filhos e deixamos à deriva o que deveria ser o porto seguro dessas crianças.

"O maior problema neste mundo é que temos emoções paleolíticas, instituições medievais e tecnologia divina" (WILSON, 2018). Isso significa que, para o bebê e a criança em sua primeira infância, não importa se a escola é bilíngue, se os brinquedos são de alta tecnologia ou se os desenhos animados são em tecnologia 4K. Os bebês humanos ainda são altamente dependentes de afetos e vínculos. Precisam do cuidador adulto por perto para que seja gerado apego e para que sejam construídas essas memórias afetivas, tão necessárias para o desenvolvimento deles. Elas precisam, principalmente, de seus pais.

Essa relação de dependência da criança não está relacionada à perda de autonomia; ao contrário, está relacionada ao cuidado e ao amor. É pela observação dos pequenos gestos que a criança começa a elaborar seu repertório comportamental e isso se reflete nas próximas etapas de seu desenvolvimento. É preciso estarmos atentos o tempo todo – o amor está no detalhe.

Ao vivenciar o apego, os bebês e as crianças vão construindo dentro de si um vasto acervo emocional que utilizarão depois, na fase adulta. As memórias desses momentos vividos na primeira infância vão aos poucos sendo incorporadas à personalidade das crianças, que seguem em desenvolvimento. Se tivéssemos noção da oportunidade que temos em nossas mãos para sermos guias nesse processo, e não castradores, passaríamos a cuidar das memórias de nossas crianças com mais presença e atenção.

As memórias estão diretamente ligadas às emoções e, se você parar para pensar um pouquinho, perceberá o quanto seu estado emocional remete a situações vividas em sua infância e que, vez ou outra, te visitam. Os bebês e as crianças pequenas não possuem maturidade neurológica para lidar com suas emoções, nem repertório de linguagem adequado para expressar o que estão sentindo. Paralelamente, nós, adultos, nos esquecemos de como era ser criança e, com frequência, buscamos compreender as reações emocionais de nossos filhos sob a ótica da lógica e da racionalidade. Isso não tem como dar certo. Ao tentar racionalizar as emoções de nossos filhos, nos perdemos de nós mesmos e, em vez de gerar memórias que agregam, contribuímos para gerar memórias que repelem.

"Se você quiser ser um porto seguro para seu filho, você não pode ser a tempestade." Esta frase, da psicoterapeuta Tina Payne Bryson, ilustra bem a importância de participarmos ativamente na construção de boas memórias durante a primeira infância de nossos filhos. É nos tendo como base que as crianças construirão suas próprias narrativas de vida.

Ao olhar para si mesmas no futuro, as crianças de hoje terão a compreensão de quem se tornaram e encontrarão sentido nessas memórias.

O processo de elaboração das memórias passa pelas fases implícitas e explícitas. A primeira fase se dá durante os primeiros 18 meses de vida, quando o bebê registra apenas as memórias implícitas. São cheiros, sons, sabores e sensações corporais que, com as emoções, vão sendo codificados no cérebro do bebê e criam o que chamamos de **modelos mentais**. A cada gesto de afeto e conexão, o cérebro registra implicitamente uma experiência positiva e reforça para o bebê a forma como ele deve reagir a determinada situação no futuro. Essa memória implícita faz parte do processo evolutivo da criança e traz sensação de segurança.

Normalmente, as memórias implícitas são positivas, mas também podem ser negativas quando a criança tem, de maneira repetida, experiências dolorosas ou ruins em relação aos pais. Embora muitas vezes a gente não tenha consciência disso, essas lembranças do passado podem ser a origem de medos, tristezas, fugas e outras emoções dolorosas.

Já as memórias explícitas são aquelas das quais somos capazes de recordar de modo consciente. Ambas as memórias são importantes e necessárias na formação de nossos filhos, mas, tendo conhecimento de maneira clara sobre isso, podemos agir de modo mais estruturado, fazendo que tenham um repertório suficiente para lidar com o amadurecimento e as mais diversas experiências no futuro.

Promover a integração dessas memórias é um de nossos papéis como pais. A memória precisa ser exercitada para que as crianças sejam capazes de recontar as histórias que marcaram sua vida. E é aqui que reforço o convite para que vivam plenamente a parentalidade – além de contribuir para a formação de memórias afetivas de seu filho, ajudem-no a se lembrar delas. Faça perguntas para que ele tenha a oportunidade de contar com as próprias palavras o que o marcou. Registre com fotografias e as imprimam. Use a tecnologia a seu favor, mas não deixe de criar oportunidades para materializar essas memórias em família. Utilize um calendário para ajudá-lo, de maneira lúdica, a se lembrar de eventos importantes – seja o aniversário da avó, seja uma ida despretensiosa à sorveteria.

As crianças precisam ser guiadas por essa avenida que chamamos de **construção de memórias afetivas**. E nós, como pais, precisamos promover um espaço adequado para que elas circulem livremente.

Esse espaço vai além da esfera física; trata-se de proporcionar momentos significativos, criando oportunidades de situações familiares prazerosas, ouvindo com empatia o bebê e a criança para além do choro. Ouça seu filho, leia suas entrelinhas, fale com cautela, sinta as nuances de seu comportamento. Registre cada fase de seu desenvolvimento, escreva um diário, conte histórias.

Depois que os filhos crescem, o que fica são as lembranças, para nós e para eles. Não temos o controle de todas as situações, tampouco podemos evitar que nossos filhos se frustrem ou registrem memórias dolorosas, mas podemos, de modo consciente, contribuir para que tenham a chance de crescer e se desenvolver com base no afeto e no respeito.

Uma forma de tentar construir momentos especiais é olhando para sua infância e fazendo uma retrospectiva daquilo que mais marcou. Criar um registro da própria história pode dar dicas valiosas sobre como as memórias afetivas ficaram registradas em você. Uma autobiografia focada em emoções e sentimentos pode ser seu ponto de partida. Esse é um exercício desafiador, mas que abre portas para um universo de possibilidades junto aos filhos.

Projetamos em nossos filhos os nossos desejos e nos frustramos quando eles não atendem às expectativas, que são nossas. Não é diferente com a elaboração das memórias. Muitas vezes esperamos que as crianças gostem das coisas que marcaram nossa infância, mas nos esquecemos de que elas são seres humanos e que, apesar da dependência de outros adultos, registram suas memórias de maneira única.

Deixo a sugestão para que comece resgatando seus afetos e assimilando as sensações que estão emaranhadas nesse novelo emocional. Lembre-se da chuva caindo no quintal naquele fim de tarde de verão, do cheiro gostoso do bolo de cenoura que vem da cozinha, do som da voz de seu pai, das mãos quentes e enrugadas da avó. Permita-se sentir de novo essas memórias. Reveja fotografias antigas, ouças as gargalhadas que ecoam dentro de você. Pergunte-se então: o que eu estou fazendo hoje para que meu filho também tenha recordações como essas no futuro?

Não importa se o que ele vai codificar é o som da fechadura eletrônica de quando você chega em casa, ou o vento que sopra do alto de seu apartamento, porque morar em casa com quintal não é mais uma opção. Não importa se o cheiro que ele vai registrar é dos seus livros e não do bolo na cozinha, porque você não tem tempo de fazer um. Não importa se o som da voz agora vem das chamadas por vídeo e não mais dos gritos pela janela. O que verdadeiramente importa é que você esteja ali, presente e por inteiro.

Referências

KARP, H. *A criança mais feliz do pedaço*. São Paulo: Novo Século, 2010.

KONIG, K. *Os três primeiros anos da criança: a conquista do andar, do falar e do pensar*. 6. ed. São Paulo: Antroposófica, 2011.

SIEGEL, D. J.; BRYSON, T. P. *O cérebro da criança*. São Paulo: nVersos, 2015.

WILSON, E. O. *O sentido da existência humana*. São Paulo: Companhia das Letras, 2018.

4

CYBERBULLYING

O presente capítulo aborda a prática do *cyberbullying*, buscando sua definição a partir do conceito de *bullying*, citando suas principais causas e consequências para crianças e adolescentes. Por fim, retrata a responsabilidade dos pais e dos estabelecimentos de ensino por atos de *bullying/cyberbullying* praticados pelos filhos e alunos que estejam sob sua responsabilidade.

Eloisa Baissardo Gagliardi

Contato
eloisabalizardo@mpsp.mp.br

Promotora de justiça do estado de São Paulo desde 2003; graduada em Direito pela Pontifícia Universidade Católica de São Paulo (PUC-SP). Mãe da pequena Maria Fernanda, de 3 anos, que a inspira a buscar um mundo melhor para nossos filhos.

Numa sociedade cada vez mais interligada tecnologicamente, em que o ambiente virtual se tornou acessível a praticamente todos, em que os "*likes*" e o "ter" são mais importantes que o "ser", o *cyberbullying* infelizmente encontrou terreno fértil. Mas, afinal, quais as consequências do uso da tecnologia sem limites? Podem os pais serem responsabilizados por atos de *bullying/cyberbullying* praticados pelos filhos menores, que estão sob seu poder? Quais as consequências dessa prática na vida de crianças e adolescentes? O estabelecimento de ensino que se omite no dever de coibir o *bullying* pode ser responsabilizado? Afinal, o que podemos fazer para proteger nossos filhos?

É muito comum as pessoas dizerem que, na sua época, foram alvo de brincadeiras conhecidas hoje como *bullying* e que cresceram sem qualquer cicatriz. Infelizmente, a própria negação já sinaliza a dificuldade de enfrentar a questão.

Toda e qualquer violência deve ser combatida, por mais inocente que possa parecer. Aliás, a violência pode sempre parecer menos grave quando não nos atinge diretamente. Mas aquilo que inicialmente parecia uma simples "brincadeira de criança" lamentavelmente pode acarretar verdadeiras tragédias. Quem não se lembra do "Massacre de Realengo"[1], ocorrido na Escola Municipal Tasso da Silveira, no Rio de Janeiro, em 2011, no qual um ex-aluno, que se dizia vítima de *bullying*, invadiu a escola

---

1 https://pt.wikipedia.org.massacre_de_realengo

armado e disparou contra os alunos presentes, matando 12 e deixando outros 22 feridos, cometendo suicídio na sequência?

Sem a pretensão de esgotar o assunto, vamos abordar aqui algumas questões, porém, para compreender o conceito de *cyberbullying*, faz-se necessário entender o que é *bullying*, já que o primeiro é uma modalidade do segundo. No presente capítulo, abordaremos tais práticas, todavia, envolvendo apenas crianças e adolescentes.

A palavra *bullying* vem da palavra inglesa *bully*, que pode ser traduzida literalmente como "o valentão". Grosso modo, o termo é utilizado para se referir à prática de atos violentos contra uma pessoa em particular, com o nítido propósito de ofendê-la, desprestigiá-la e intimidá-la. Em geral, o ato é praticado contra uma pessoa que não consegue se defender, seja por temer o agressor do ponto de vista físico, seja porque o agressor goza de prestígio ou popularidade no meio social onde vivem.

Foi por volta de 1970, na Noruega, que começaram os primeiros estudos sobre o *bullying*, em razão de três casos de suicídios que chocaram o país e resultaram numa massiva campanha *antibullying* nas escolas norueguesas. Rapidamente os fatos despertaram uma preocupação mundial, o que levou vários países a se unir para tentar resolver o problema.

O *bullying* pode ocorrer em qualquer ambiente, ser perpetrado por qualquer pessoa e envolver tanto a violência física como a psíquica (verbal). Exemplos: xingamentos, apelidos depreciativos, agressões físicas etc. Há, ainda, o chamado *bullying* indireto ou por omissão, que consiste em espalhar boatos ou promover o isolamento da vítima (as conhecidas "panelinhas"). Este último, embora na prática seja mais difícil de ser comprovado, possui efeitos tão nefastos quanto as duas primeiras modalidades.

Conforme nos ensina Lélio Braga Calhau:

> Regra geral, os agressores utilizam mais a força física e as agressoras utilizam mais os ataques morais, como, por exemplo, espalhar fofocas, inventar mentiras, colocar apelidos, arquitetar pequenos complôs para diminuir a vítima perante os colegas, proibir acesso a grupinhos na escola, etc.(...) as agressões praticadas por meninas, regra geral, não utilizam força física, mas são bem mais elaboradas, complexas, com grande potencial de dano moral ou psicológico. (CALHAU, 2018, p.59)

E, finalmente, existe o *cyberbulling* ou *bullying* virtual, que nada mais é do que atos de *bullying* praticados por ferramentas ou dispositivos eletrônicos (celulares, computadores ou tablets), via redes sociais (Twitter, Facebook, Instagram etc.), mensagens de texto (SMS, Whatsapp), jogos ou bate-papo via internet; em suma, quando o agente está on-line. Exemplos: ofensas ou compartilhamento de mensagens falsas ou prejudiciais contra alguém, divulgação de boatos em sites ou o uso indevido de dados e imagens da vítima pelo agressor.

No *bullying*, o ataque é presencial, ao passo que, no *cyberbullying*, as ofensas são praticadas por meio de plataformas digitais, o que torna ainda mais reprovável a conduta do agente, diante da facilidade e rapidez na divulgação da ofensa, assim como da dificuldade em identificá-lo.

As causas do *bullying* são bastante variadas, desde a simples necessidade de autoafirmação perante o grupo até distúrbios psíquicos. No entanto, estudos demonstram que uma das principais causas do *bullying* é a relação desajustada no ambiente familiar. Como sabemos, crianças tendem a imitar o comportamento de adultos, em especial, dos pais. Desta forma, crianças que crescem vendo os pais maltratarem ou desrespeitarem os outros tendem a repetir esse comportamento, o que chamamos de "ciclos de violência". As consequências do *bullying* são inúmeras, desde evasão escolar e danos psicológicos até o suicídio. Inegável que o *bullying* em todas suas modalidades produz efeitos ainda piores em se tratando de crianças e adolescentes, já que são pessoas em formação e, como tal, sem o desenvolvimento psicológico completo e inaptas a lidar com esse tipo de agressão.

No Brasil, não há nenhum tipo penal específico denominado "*bullying*". A conduta do agente poderá ser enquadrada nos tipos penais já existentes no Código Penal havendo, todavia, requisitos específicos para que o ato seja considerado *bullying*. Em 2015, a Lei Federal n. 13.185, de 6 de novembro de 2015, passou a instituir o programa de combate à intimidação sistemática (*bullying*) e, no artigo 1º, § 1º, considerou, para fins da lei, *bullying* ou intimidação sistemática:

> [...] todo ato de violência física ou psicológica, intencional e repetitivo que ocorre sem motivação evidente, praticado por indivíduo ou grupo, contra uma ou mais pessoas, com o objetivo de intimidá-la ou agredi-la, causando dor ou angústia à vítima, em uma relação de desequilíbrio de poder entre as partes envolvidas.
> (BRASIL, 2015)

No art. 2º, a referida lei prossegue ao definir no parágrafo único o que vem a ser *cyberbullying*:

> [...] intimidação sistemática na rede mundial de computadores quando se usarem os instrumentos que lhe são próprios para depreciar, incitar a violência, adulterar fotos e dados pessoais com o intuito de criar meios de constrangimento psicossocial.
> (BRASIL, 2015)

Assim, não há *bullying* na prática de um ato isolado, lembrando que, se a conduta foi praticada por criança ou adolescente, poderá configurar ato infracional, que nada mais é do que crime praticado por pessoa menor de 18 anos[2].

E mais: para haver *bullying*, a lei exige que os atos repetitivos atinjam a mesma vítima num determinado período, sem motivação aparente e que os fatos ocorram numa relação de desequilíbrio entre as partes.

É justamente esse desequilíbrio entre as partes que torna a vítima o alvo do agressor, pois são sua vulnerabilidade e incapacidade de reagir que acabam inibindo-a de denunciar a prática. Segundo Maria Tereza Maldonado:

> as vítimas mais comumente escolhidas são crianças e adolescentes inseguros, tímidos, com dificuldade de comunicação e de construir relações de amizade, que não se encaixam nos padrões convencionais de beleza ou se vestem de modo muito diferente dos demais, que se sentem inadequados ou afetivamente carentes. Por outro lado, também podem ser escolhidas como vítimas as pessoas que se destacam pela beleza ou pela inteligência, ou que possuem objetos cobiçados que denotam melhor nível socioeconômico, devido a inveja que despertam.
> (MALDONADO, 2011, p.15)

No *cyberbullying*, todavia, a conduta não precisa ser repetitiva, já que um único *post* se multiplica tão rapidamente que atinge um número indeterminado de visualizações, tornando o dano irreparável. Outra diferença é que a relação de desequilíbrio nem sempre precisa estar presente no *cyberbullying*, uma vez que, atrás da tela do computador e sob o aparente anonimato, o agressor se torna muito mais "valente" e as agressões, mais pesadas.

Pelo que se verifica, se não estiverem presentes todos os requisitos já citados, não estará caracterizado o *bullying/cyber-*

---

[2] Segundo art. 2º do ECA (Estatuto da Criança e do Adolescente): considera-se criança, para efeitos desta lei, a pessoa de até 12 anos incompletos, e adolescente aquela entre 12 e 18 anos incompletos.

bullying e, consequentemente, as ações ajuizadas para tal fim serão julgadas improcedentes, podendo o autor inclusive ser condenado ao pagamento das custas processuais. Por outro lado, se caracterizado, o *bullying* poderá ensejar a responsabilidade do autor em todas as esferas (cível, criminal, administrativa).

Sendo o autor do *bullying/cyberbullying* menor de idade, os pais poderão ser condenados a indenizar a vítima, desde que reste caracterizado o ato ilícito e os filhos estejam sob sua autoridade e em sua companhia, nos termos do art. 932 do Código Civil. E nem se alegue que não agiram com culpa, pois têm o dever de zelar e cuidar dos filhos e, neste sentido, têm a obrigação de supervisioná-los e orientá-los, respondendo de forma objetiva.

Como afirma Mariana Moreira Neves:

> [...] quem decide pela paternidade ou maternidade assume os riscos de ter sob sua dependência alguém que não sabe distinguir o certo do errado, que necessita de um representante do qual será dependente jurídica, econômica ou afetivamente (...) A responsabilidade será de ambos os pais quando o menor estiver sob o poder familiar e entre estes a obrigação será solidária, de acordo com o parágrafo unido do art. 942 do Código Civil. Portanto, a vítima poderá cobrar o valor integral da reparação e/ou indenização do pai ou da mãe e aquele que arcar com a dívida terá direito de regresso quanto ao corresponsável.
> (NEVES, 2016, p.119/121)

Da mesma forma, a escola, pública ou privada, se comprovada a conduta e o nexo causal, poderá ser responsabilizada e condenada a indenizar a vítima, em razão de sua responsabilidade objetiva, desde que fique comprovado que não adotou nenhuma medida para evitar a situação ou que as medidas adotadas foram absolutamente inócuas. Obrigação que, aliás, é reforçada pelo art. 5º da Lei n. 13.185/2015. Para embasar a responsabilidade objetiva, os tribunais têm utilizado o Código de Defesa do Consumidor (art. 14), no caso das escolas particulares, e o art. 37, § 6º da Constituição Federal, no caso das escolas públicas, cabendo em ambos os casos ação de regresso contra o autor do *bullying/cyberbullying*. Conforme Mariana Moreira Neves:

> [...] Muito se fala sobre a adoção de medidas por parte da escola, depois da ocorrência do fato, como excludente de responsabilidade. Tais medidas podem até diminuir o sofrimento da vítima, mas não excluem a responsabilidade da escola como fornecedora de serviços, prescrita no Código de Defesa do Consumidor, muito menos excluem seu dever de ofertar um serviço com segurança ao consumidor. Segurança significa não deixar que o dano aconteça, não importando apenas no "conserto" de um dano existente. (NEVES, 2016, p.171)

A prática do *bullying/cyberbullying* poderá ser comprovada por qualquer meio de prova: testemunhas, laudos psicológicos, fotos, *prints* das ofensas praticadas por redes sociais ou Whatsapp, recomendando-se que, na impressão, tome-se o cuidado de incluir o endereço (URL). A dificuldade de se punir no caso do *cyberbullying* é que, muitas vezes, o agressor se utiliza de nomes e perfis falsos com o nítido propósito de permanecer impune. Todavia, é possível pedir a quebra do número do IP (*internet protocol*) e, assim, identificar de onde partiu a mensagem ofensiva, a fim de identificar o autor da ofensa.

Há várias medidas que podem ser tomadas para evitar esses ataques virtuais. Por exemplo, a ONG Safernet Brasil[3], criada em 2005, inclui em sua página diversas recomendações, como: não fornecer dados pessoais, nunca revelar senhas, tomar cuidado ao colocar fotos na rede, não replicar ou fazer comentários

---

3 www.safernet.org.br

ofensivos. O *bullying* ou *cyberbullying* nos mostra que se, por um lado, avançamos do ponto de vista tecnológico, por outro, temos muito que evoluir como seres humanos. Certamente, as leis não serão capazes de erradicar a intolerância, o ódio ou a discriminação. O combate ao *bullying* começa em casa, ensinando aos nossos filhos valores como empatia, solidariedade e respeito. A simplesmente não fazer com o outro aquilo que não permitiríamos que fizessem conosco. A também não nos calarmos ao presenciar um ato de *bullying* e, sobretudo, enxergarmos o *bullying* praticado por nossos próprios filhos. O caminho é longo, mas a mudança, certamente, está em cada um de nós.

Referências

BRASIL. Presidência da República. Lei n. 13.185, de 6 de novembro de 2015. *Institui o Programa de Combate à Intimidação Sistemática (Bullying)*. Dísponível em: <http://www.planalto.gov.br/ccivil_03/_ato2015-2018/2015/lei/l13185.htm>. Acesso em: 08 jul. de 2022.

CALHAU, L. B. *Bullying: o que você precisa saber. Identificação, prevenção e repressão*. 4. ed. Belo Horizonte: Editora Rodapé, 2018.

MALDONADO, M. T. *Bullying e cyberbullying: o que fazemos com o que fazem conosco*. São Paulo: Moderna, 2011.

NEVES, M. M. *Bullying escolar – acordo com a Lei Nacional de Combate ao Bullying (13.185/2015) e outros aspectos jurídicos*. Curitiba: Juruá, 2016.

5

TRAUMATISMOS DENTÁRIOS NA INFÂNCIA

A proposta deste capítulo é levar informações de como agir quando o trauma acontece. Em alguns casos, a ação precisa ser imediata, para se ter um prognóstico favorável. Quanto mais instruções tivermos diante do trauma, maiores serão as chances de sucesso.

LUCIANA RAYES

Luciana Rayes

Contatos
lucianarayes.com.br
lucianarayes@gmail.com
Instagram: @rayes_luciana_odontopediatria
11 99996 1369

Graduada em Odontologia há 23 anos, com formação em Ortodontia e Ortopedia Funcional dos Maxilares. Especialista em Odontopediatria pela Associação Brasileira de Odontologia de São Paulo. Membro do Grupo Odontopediatria Brasil. Realiza atendimentos a gestantes, orientações quanto à amamentação e os cuidados com o bebê nos primeiros meses de vida. Atendimentos a primeira, segunda e terceira infâncias e adolescência. Realiza atendimentos para crianças com Síndrome de Down, com indicação ao uso de Placa Palatina de Memória. Todo meu agradecimento à Editora Literare Books pelo convite, e a todos que estiveram presentes para a concretização deste projeto.

A incidência de traumatismos dentários na infância é grande (ocorrem em 2 a cada 3 crianças), sendo mais comum em meninos e, em sua maioria, no período escolar. Geralmente decorrem de quedas, brincadeiras como correr, pular, subir em banquinhos, escadas e sofás, acidentes automobilísticos, práticas esportivas, pancadas de objetos ou brinquedos colocados na boca, prática comum em toda criança que esteja na fase oral, dentre outros.

Compreendo que para muitos pais esse momento é desafiador, pois nos tira o sossego. Mas é muito importante estarmos calmos, para que o socorro seja bem-sucedido.

O trauma acomete os tecidos moles, como lábios, bochechas, língua, freios labiais; e os tecidos duros (dentes e estruturas ósseas).

Quando acontece um acidente envolvendo a criança, em ambiente doméstico ou escolar, muitas vezes o responsável, no momento, tem dificuldades em saber como agir.

Atualmente, ainda há desinformação sobre as atitudes que devemos ter na primeira hora do trauma, e nem sempre há socorro imediato.

No primeiro momento nos desesperamos, por sermos pais de primeira viagem, ou por estarmos distantes dos nossos filhos, na hora do acidente, e vários sentimentos e pensamentos nos invadem.

Pensamos que aconteceu por descuido e nos deparamos com a sensação de culpa. Mas acidentes acontecem em uma fração de segundo, não é mesmo?

Já passei por essa experiência e, mesmo sendo odontopediatra, fiquei arrasada.

O trauma pode ser leve, sem presença de fratura, deslocamento ou mobilidade, podendo ser chamado de concussão; moderado, podendo apresentar fraturas e dilacerações dos tecidos moles, mobilidade e presença de sangramento, sendo denominado de subluxação; ou severo, podendo haver intrusão (o dente se desloca para o interior do osso alveolar) extrusão (parte do dente se desloca para fora do osso alveolar) ou avulsão (deslocamento total do dente para fora do osso alveolar).

O trauma envolve aspectos funcionais e psicológicos, e geram grande impacto para a criança, como a possibilidade da perda dental precoce e a falta que ele fará para a mastigação, ocasionando limitações, dificuldades para falar e modificações nas arcadas dentárias, provocando maloclusões. A criança, dependendo da faixa etária, ainda se sente desconfortável nos âmbitos escolar e social.

O importante é procurar um especialista para avaliação e fazer o acompanhamento do trauma, por menor que ele seja.

Muitos traumas são imperceptíveis e só nos damos conta deles quando o dente fica escurecido, ou, com presença de fístula.

Normalmente, as mães chegam ao consultório relatando que o dentinho de seu filho está escuro ou que há uma "bolinha" na gengiva.

Por isso é importante ter um profissional de confiança para acompanhamento na gestação, quando receberá informações prévias importantes para seu bebê, mesmo que ainda não tenha dentes.

Há fatores de risco que aumentam as chances de um trauma acontecer. Como exemplo, temos os fatores sistêmicos, ligados às condições de saúde do paciente, ou seja, pacientes com determinadas síndromes, com hipoglicemia, com dificuldades motoras; fatores comportamentais, nos quais as crianças estão envolvidas dentro de um contexto de atividades esportivas e/ou escolares, estando mais sujeitas a acidentes; e os fatores anatômicos relacionados a ausência de selamento labial e protrusão dos incisivos, em que os dentes estão mais inclinados para a frente, ficando mais expostos.

O trauma pode levar a danos estéticos, funcionais e psicológicos, acompanhados de dor física.

Para cada tipo de trauma existe uma conduta. Cada uma delas será descrita a seguir, para que nós, pais, responsáveis, cuidadores, babás e professores, tenhamos conhecimentos para tomar as atitudes necessárias quando eles acontecerem.

Recomendações e condutas

1. Fraturas de baixo risco

As fraturas de esmalte, sem envolvimento pulpar (quando não envolvem a polpa do dente), são superficiais, sendo denominadas fraturas de risco de gravidade baixo.

Elas devem ser, necessariamente, avaliadas por um profissional.

2. Fraturas de risco moderado

Essas fraturas envolvem a polpa dental, podendo estar acompanhadas de intrusão, extrusão, concussão e subluxação do dente.

Havendo fragmentos dentários, deve-se acondicioná-los em soro fisiológico ou leite integral frio, em um recipiente higienizado, e transportá-los ao dentista.

Nestes casos, o atendimento odontológico deve ser imediato.

A concussão e a subluxação são similares, no entanto, na concussão não há mobilidade, apresentando dor ao toque. Já na subluxação, há presença de mobilidade leve, acompanhada de sangramento na margem gengival.

3. Fraturas de alto risco

As fraturas denominadas avulsão são consideradas de alto risco, porque o dente é expulso do alvéolo dental. Além disso, podem ocorrer fraturas da raiz e do osso alveolar; sendo assim, o atendimento deve ser imediato.

Nos casos de avulsão deve-se procurar o dente, segurá-lo pela coroa e limpá-lo em água corrente. Se o dente for permanente, deve ser recolocado no lugar, porém isso não deve ser feito para os dentes de leite.

Caso não saiba ou não consiga fazê-lo, coloque o dente em um recipiente limpo, contendo soro ou leite. Se estiver em um lugar onde não tenha soro ou leite, e for um adulto, coloque o dente embaixo da língua ou entre a bochecha e a gengiva, e procure um dentista imediatamente.

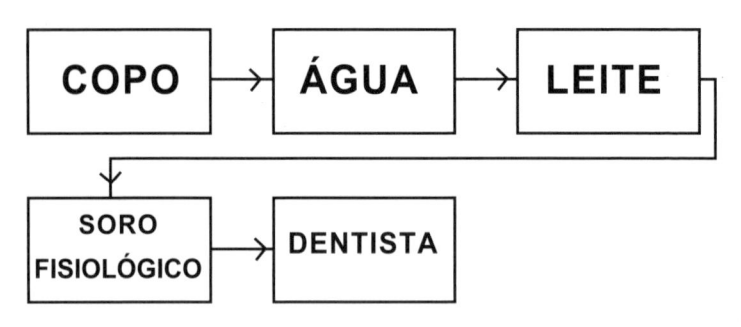

```
COPO → ÁGUA → LEITE
  ↓
SORO FISIOLÓGICO → DENTISTA
```

Cuidados com a criança pós-trauma

- A limpeza dos dentes traumatizados deve ser realizada com gaze estéril umedecida com solução à base de clorexidina (0,12%) ou água oxigenada 10 volumes, de 2 a 3 vezes ao dia. Os outros dentes devem ser escovados normalmente,

tomando os cuidados necessários para que a criança não morda a escova contra os dentes que sofreram o trauma.
- A consistência dos alimentos deverá ser de líquida a pastosa, com temperatura de morna a fria, até que seja liberado o retorno de alimentos fibrosos.
- Evitar morder ou mastigar no local do trauma, assim como suspender o uso de bicos como os de chupeta e mamadeira, sucção de dedo, aparelhos móveis e qualquer objeto que possa oferecer riscos à mobilidade dental.
- A criança deverá ser medicada, de acordo com a necessidade, com analgésicos, anti-inflamatórios e antibióticos.
- Realizar o acompanhamento clínico e radiográfico dos dentes de leite envolvidos e dos dentes permanentes sucessores.

As consultas odontológicas ainda são essenciais, como forma de buscar a prevenção e possíveis tratamentos precoces. Nelas você receberá informações precisas, encontrando medidas preventivas e de intervenção, possibilitando à criança uma dentição saudável.

Referências

COSTA, L. E. D. *et al.* Trauma dentário na infância: avaliação da conduta dos educadores de creches públicas de Patos-PB. *Revista de Odontologia da Unesp,* v. 43, n. 6, 2014.

GHELLER, S. A. P. *et al.* Clinical management of trauma to primary teeth and delay in eruption of permanent successor tooth. *Journal of Health Sciences,* v. 23, n. 4, 2021. ISSN 1807-2577. DOI: 10.1590/1807-2577.1053. Disponível em: <https://journalhealthscience.pgsskroton.com.br/article/view/8509>. Acesso em: 08 jul. de 2022.

MEDEIROS, R. *et al.* Impactação de dente decíduo: relato de caso. *Full Dentistry in Science,* v. 8, n. 30, p. 124-128, 2017. Disponível em: <https://pesquisa.bvsalud.org/portal/resource/pt/biblio-909911>. Acesso em: 08 jul. de 2022.

MISKININ, A. C. N. Traumatismos em dentes decíduos e suas sequelas nos dentes permanentes. *Journal of Health*, jul.--dez. 2019. Disponível em: <http://cescage.com.br/revistas/index.php/JournalofHealth/article/view/940>. Acesso em: 08 jul. de 2022.

MOURA, B. S. F. N. *Critérios para o diagnóstico da necrose pulpar em dentes decíduos: revisão sistemática*. 2018. Dissertação (mestrado) – Faculdade de Odontologia, Universidade de São Paulo, São Paulo, 2018.

PES, L. V. B. *et al*. Traumatismo dentário em dentes decíduos: observações atuais. In: *XX Jornada de Iniciação Científica*, 2020, Palmas. Anais. Disponível em: <https://fswceulp.nyc3.digitaloceanspaces.com/jornada-de-iniciacao-cientifica/2020/artigos/saude/TRAUMATISMO-DENTARIO-EM-DENTES-DECIDUOS-OBSERVACOES-ATUAIS.pdf>. Acesso em: 08 jul. de 2022.

SANT'ANNA, G. R. *et al*. Clínica na primeira infância: tratamento preventivo, curativo e reabilitador. *Jornal Brasileiro de Odontopediatria & Odontologia do Bebê*, v. 5, n. 23, p. 54-60, jan.-fev. 2002. Disponível em: <https://pesquisa.bvsalud.org/portal/resource/pt/lil-336165>. Acesso em: 08 jul. de 2022.

VERRASTRO, A. P. *et al*. Características oclusais e miofuncionais orais das crianças atendidas na Clínica de Odontopediatria da Faculdade de Odontologia da USP. *Revista do Instituto de Ciências da Saúde*, v. 27, n. 4, p. 394-349, 2009.

VERRASTRO, A. P. *et al*. Reconstrução de dentes decíduos anteriores com pino de fibra de vidro e matriz anatômica de celulóide: relato de caso clínico. *ConScientiae Saúde*, v. 6, n. 1, p. 81-88, 2007. Disponível em: <https://www.redalyc.org/pdf/929/92960110.pdf>. Acesso em: 08 jul. de 2022.

WANDERLEY, M. T. *et al.* Traumatismos nos dentes decíduos: entendendo sua complexidade. *Revista da Associação Paulista de Cirurgiões Dentistas*, v. 68, n. 3, jul./set. 2014. Disponível em: <http://revodonto.bvsalud.org/scielo.php?script=sci_arttext&pid=S0004-52762014000300003>. Acesso em: 08 jul. de 2022.

6

ALIENAÇÃO PARENTAL
UMA FORMA DE VIOLÊNCIA QUE PODE SER EVITADA

O presente capítulo vem mostrar a alienação parental para aqueles que não atuam dentro do Judiciário, assim como as consequências que essa prática pode trazer à saúde mental dos filhos. Assim, optamos por falar das Oficinas de Pais, que trazem diversos conhecimentos sobre a dificuldade do pós-divórcio, tratando também da questão da alienação. Além disso, discute formas de minorar tal prática, como a criação da lei que estabelece a guarda compartilhada como regra e sobre o instituto da mediação como forma de resolver, de forma dialogada, essas questões referentes à alienação, recorrentes no discurso das partes.

MARCIA CÂNDIDA ROCHA VILAÇA DE BARROS

Marcia Candida Rocha Vilaça de Barros

Contatos
marciabarrosfotografias@gmail.com
Instagram: @mediandoepacificando
61 98129 3383

Bacharel em Direito pela Universidade Candido Mendes-RJ. Pós-graduada em Processo Civil pela Faculdade Integrada Jacarepaguá (FIJ). Analista Judiciária junto ao Tribunal de Justiça do Distrito Federal e Territórios. Mediadora de conflitos nas áreas Cível e de Família. Supervisora de multiplicadores em conciliação/mediação. Facilitadora da Oficina de Parentalidade.

Entrando em contato com o tema

A primeira vez que me deparei com esse intrigante assunto, no início dos anos 2000, foi por meio do documentário *A morte inventada*, disponível no YouTube[1], que mostra claramente os efeitos danosos que a prática alienadora gera nos filhos. Fiquei muito intrigada com a delicada situação. Infelizmente não é novidade que milhares de crianças e jovens sejam vítimas dessa exposição, que, além de gerar uma série de consequências negativas, leva à destruição dos laços entre os filhos e os genitores, sendo essa, a meu ver, a pior delas.

Alguns conceitos sobre alienação parental

Ainda que o assunto não seja novo, a lei n. 12.318/2010 trouxe de forma oficial como conceito que:

> Considera-se ato de alienação parental, nos termos da lei, a interferência na formação psicológica da criança ou do adolescente promovida ou induzida por um dos genitores, pelos avós ou pelos que tenham a criança ou adolescente sob a sua autoridade, guarda ou vigilância na tentativa de fazer com que o menor não estabeleça vínculos com um de seus genitores.

---

[1] https://www.youtube.com/watch?v=wHfB5k-kBrg

Na doutrina, trazemos à colação o conceito de Akiyama (2016), o qual salienta que a alienação parental "é a prática de atos e atitudes de um genitor de forma a programar o comportamento de uma criança/adolescente, de modo a torná-los 'inimigos' do outro genitor".

Já para a Dra. Maria Berenice Dias (2010, p. 455), a alienação parental é definida como: "Nada mais do que uma 'lavagem cerebral' feita pelo guardião, de modo a comprometer a imagem do outro genitor, narrando maliciosamente fatos que não ocorreram ou que não aconteceram conforme a descrição dada pelo alienador".

Como sujeitos dessa forma, que é mais frequente dentro do seio familiar, temos mãe, pai e avós, como explicitado na lei, mas não se restringe somente a esses que são membros da família, podendo ser cometida também por qualquer pessoa que tenha intensa convivência com a criança, como: empregada doméstica, babá ou ainda por amigos com os quais eventualmente os genitores passem a conviver.

Ao ministrar as Oficinas de Parentalidade, sempre menciono que nenhum pai ou mãe ("alienadores" mais comuns) se vê como tal, ou seja, querendo infringir a lei. Mas agem, sim, movidos por sentimentos, na maioria das vezes mágoas ou frustrações com o(a) ex-parceiro(a), que os motivam a denegri-los perante os filhos achando que o mal que estão causando é para o ex-cônjuge ou companheiro/a. Porém, fica claro que quem mais sofre e é vítima dentro desse contexto são os filhos, sejam eles crianças, sejam adolescentes.

Em seu art. 2º, a lei n. 12.318/2010 nos traz como exemplo alguns casos de práticas que se caracterizam alienação parental, abrangida aqui a campanha de desqualificação da conduta do genitor no exercício da paternidade ou da maternidade, assim como dificultar o exercício da autoridade parental, dificultar o contato com a criança ou o adolescente, dificultar o cumprimento do direito à visitação, entre outros.

Ao se deparar com uma situação concreta de alienação parental, penso se o ajuizamento de uma ação seria a melhor solução, pois, além do ônus dessa ação para todos os envolvidos, principalmente para o menor, tal prática pode ser potencializada pelo processo judicial. Buosi (2012, p.128) atesta que "os casos de alienação parental são de difícil aferição, principalmente pelo magistrado, haja vista que sua área de formação não é especializada nesse ramo de perícia". Logo, sua realização deve ser feita por perícia psicológica ou biopsicossocial, em consonância com o art. 4º da lei n. 12.318/2010, ou seja, a criança ainda precisará ser exposta, ainda que de forma adequada, pelo setor competente.

A importância do caráter pedagógico das Oficinas de Parentalidade em sua prevenção

Levando em consideração esse delicado contexto, pelo menos aqui no Tribunal de Justiça do Distrito Federal e dos Territórios (TJDFT), onde atuo como servidora há 21 anos, todos os processos distribuídos às varas de família passam obrigatoriamente pela Oficina. A ideia é que dessa forma as partes cheguem mais "desarmadas" e mais conscientes do seu papel parental para a mediação. Acredito que os tribunais estaduais sigam essa mesma tendência, uma vez que a Oficina de Parentalidade (Oficina de Pais e Filhos), introduzida em nosso país pela Dra. Vanessa Aufeiro da Rocha, juíza junto ao Tribunal de Justiça de São Paulo (TJSP), foi encampado pelo Conselho Nacional de Justiça (CNJ), tornando-se de âmbito nacional. Ganhou tal notoriedade especificamente por ser uma forma de proteção aos menores inseridos nos conflitos intrafamiliares, a fim de que, transmitindo conhecimento aos pais, aqueles filhos, que muitas vezes sofrem consequências danosas nos processos de separação, sejam poupados desse desgaste. E a alienação parental, por ser prática tão recorrente, tem uma parte destinada a sua abordagem.

Faz-se mais do que necessário pensarmos em ações como essa, uma vez que, no caso do Brasil, os dados do censo do Instituto Brasileiro de Geografia e Estatística (IBGE) de 2017 revelaram que um a cada três casamentos terminam em separação.

Porém, temos que o fim de um relacionamento pode ser bem mais estressante para os filhos. Assim, a Oficina de Pais é pensada com o objetivo de apoiar essas famílias a entenderem o que ocorre com as crianças e os adolescentes após o rompimento e, a partir daí, se organizarem para colocar em prática mudanças eficientes para o bom entendimento familiar, buscando o menor dano emocional a todos os envolvidos[2].

Assim, depois de mais de oito anos ministrando a Oficina de Parentalidade junto ao TJDFT, pude acompanhar sua implementação e percebi que, além de seu cunho protetivo, tem se mostrado de grande importância para levar as partes a algumas reflexões, tendo também um forte viés pedagógico.

Com o início das formações dos facilitadores, no final do ano de 2013[3], a Justiça brasileira ao adotar em âmbito nacional a Oficina de Parentalidade, mais uma vez deu um passo rumo a uma humanização da Justiça. Fomentou-se um novo olhar sobre os conflitos e suas causas, indo a fundo, buscando formas de que sua resolução se dê do modo mais efetivo e abrangente e que satisfaça melhor as partes envolvidas, evitando desgastes desnecessários.

---

[2] Oficina de Pais e Filhos, *Cartilha do Instrutor*, 2013 (4. Objetivo geral).

[3] https://www.cnj.jus.br/agendas/i-curso-de-formacao-de-instrutores-em-oficinas-de--divorcio-e-parentalidade

Da proteção aos direitos da criança e do adolescente

Não é nova a preocupação com os que são mais vulneráveis. Na seara legislativa, o olhar volta-se para esse público no intuito de protegê-los com a Constituição Federal de 1988. Posteriormente, o Estatuto da Criança e Adolescente (ECA), de forma expressa em seu art. 7º, dispõe que: "A criança e o adolescente têm direito a proteção à vida e à saúde, mediante a efetivação de políticas sociais públicas que permitam o nascimento e o desenvolvimento sadio e harmonioso, em condições dignas de existência", pelo que, em uma situação de alienação parental, o direito à saúde psíquica do menor estaria comprometido.

Em artigo publicado pela revista do Instituto Brasileiro de Direito de Família (IBDFAM) para celebrar os 10 anos de edição da Lei n. 12.318/2010, a doutoranda e mestre, Dra. Bruna Barbieri, menciona que essa lei foi editada no Brasil para socorrer as crianças e adolescentes vítimas de uma violência familiar muito particular: uma violência invisível, decorrente das disputas de forças, muitas vezes até inconscientes, entre os adultos.

Por isso a lei fala em 'ato' de alienação parental, como o comportamento do adulto que interfere na convivência familiar de uma criança ou adolescente com um familiar que lhe seja importante. Como são pessoas em estágio de desenvolvimento, a convivência familiar assume uma natureza de direito fundamental para o público infantojuvenil, pois a qualidade dessa convivência está diretamente imbricada no seu sadio crescimento e formação biopsicossocial".

Ela assinala a importância de "rasgar o véu" que ainda torna a violência do ato de alienação parental tão naturalizada entre as famílias.

Não é normal que filhos cresçam odiando seus pais após o divórcio, não é normal que filhos cresçam desrespeitando suas mães após a separação e não é normal que se ensine uma criança ou um adolescente a falar mal, rejeitar afeto ou escolher lados no espaço da família.

A guarda compartilhada e a mediação de conflitos como ferramentas para atenuar a alienação

Assim, percebemos que temos algumas ferramentas que podem vir a atenuar a prática da alienação parental. Uma delas é o instituto da guarda compartilhada, que hoje está regulamentada pela Dra. Maria Berenice Dias, que atua há mais de 30 anos na área do Direito de Família. Tal lei trouxe alterações para os arts. 1.583, 1.584, 1.585 e 1.634 do Código de Processo Civil, que versam sobre a questão da guarda dos menores. Assim, tem-se o convívio de forma mais igualitária e participativa entre os genitores, uma vez que torna ambos responsáveis pelas decisões tomadas com relação aos filhos. Consequentemente, tende-se a estimular um diálogo entre eles, gerando também responsabilidade de forma solidária pelos atos praticados pelos filhos.

Dessa forma, o dispositivo legal mencionado prevê o dever de ajustar a necessidade do menor e a disponibilidade de tempo que ambos os genitores possuem, podendo ser estipulado de maneira flexível. Como ensina Maria Clara Sottomayor (*apud* MADALENO, 2017): "a igualdade entre os pais não se mede pela igualdade na divisão do tempo, mas pela igualdade na qualidade dos cuidados e dos afetos".

Atualmente, a guarda compartilhada vem sido concedida como padrão nos casos judicializados, salvo se expressamente o genitor que não tem interesse abrir mão, tiver residência em local distante do menor ou algum outro fator impeditivo que comprometa sua capacidade de cuidar do filho, como no caso de ter algum tipo de vício ou doença psiquiátrica. Porém, ainda é muito confundida com a guarda alternada, em que o que é compartilhado é o domicílio da criança. Esta não vem sendo muito aplicada pelos juízes, pois não é de todo benéfica para os filhos, principalmente para crianças que precisam ter um domicílio fixo de referência, sendo tal alternância de lares prejudicial para elas.

Outra ferramenta que pode atenuar a prática da alienação é a mediação de família, uma via mais dialógica em que as partes trabalham para encontrar uma solução que seja menos traumática, tanto para o ex-casal quanto para os filhos, ao poder reestabelecer assim o diálogo entre os genitores.

É preciso compreender que não se trata aqui de "punições", porque as sanções têm mais caráter pedagógico do que propriamente sancionatório. A busca pelo consenso é mais eficaz do que meramente a punição. O mediador, que é um facilitador nessa comunicação, faz com que as práticas de alienação venham a cessar, levando os envolvidos a compreender seus danosos efeitos.

Conclusão

Devemos entender como se dá o processo da alienação parental um todo, por uma visão geral, sistêmica, uma vez que a família em si é um sistema e, como tal, complexa. Portanto, deve-se ir além do prisma penal punitivo, mas como um ato que deve ser observado também sob outros aspectos.

Sabemos que só podemos controlar o que conhecemos, daí a importância de conceituar como se dá a alienação e mostrar o grande dano que pode gerar aos filhos e à família de modo geral.

A família é a base para a boa formação da criança e do adolescente. Afeto e amor fazem parte da natureza do ser humano, e é por isso que a norma jurídica atua para evitar que, no futuro, essas crianças e adolescentes tornem-se adultos frustrados, ou até mesmo pessoas frias com a sociedade. As desavenças conjugais não devem causar danos aos filhos (NADER, 2011, p. 253).

Assim, é papel do Estado e de todos nós, como cidadãos, zelar para que nossas crianças e jovens sejam protegidos, para que possamos ter uma sociedade melhor no futuro.

Olhar para essa questão da alienação parental faz com que encontremos formas mais eficazes de atenuar tal prática, tendo em vista o conhecimento e o uso de algumas ferramentas que vêm se mostrando eficazes em seu combate.

Referências

AKIYAMA, P. E. Alienação parental x síndrome da alienação. *Gazeta digital*. Disponível em: <https://www.gazetadigital.com.br/editorias/opiniao/alienacao-parental-x-sindrome-da-alienacao/473879>. Acesso em: 04 ago. de 2016.

BRASIL. Lei n. 8.069, de 13 de julho de 1990. Dispõe sobre o Estatuto da Criança e do Adolescente e dá outras providências. Disponível em: <http://www.planalto.gov.br/ccivil_03/leis/l8069.htm>. Acesso em: 09 jul. de 2022.

BRASIL. Lei n. 12.318, de 26 de agosto de 2010. Dispõe sobre a alienação parental e altera o art. 236 da Lei n. 8.069, de 13 de julho de 1990. Disponível em: <http://www.planalto.gov.br/ccivil_03/_ato2007-2010/2010/lei/l12318.htm>. Acesso em: 09 jul. de 2022.

BRASIL. Ministério da Justiça. Conselho Nacional de Justiça. *Oficina de pais e filhos: cartilha do instrutor*. 2013. 169 p.

BUOSI, C. C. F. *Alienação parental: uma interface do direito e da psicologia*. Curitiba: Juruá, 2012, p. 130-131.

CONSELHO NACIONAL DE JUSTIÇA. *Oficinas de Pais em Goiás chegam ao 5º ano com 1,7 mil atendimentos*. 7 nov. 2016. Disponível em: <https://www.cnj.jus.br/oficinas-de-pais--em-goias-chegam-ao-5-ano-com-1-7-mil--atendimentos/>. Acesso em: 09 jul. de 2022.

DIAS, M. B. *Manual de direito das famílias*. 6. ed. São Paulo: Revista dos Tribunais, 2010.

INSTITUTO BRASILEIRO DE DIREITO DE FAMÍLIA. Lei de Alienação Parental completa 10 anos; especialistas avaliam a experiência de uma década. 27 ago. 2020. Disponível em: <https://ibdfam.org.br/noticias/7666/Lei+de+Aliena%C3%A7%C3%A3o+Parental+completa+10+anos%3B+especialistas+avaliam+a+experi%C3%AAncia+de+uma+d%C3%A9cada>. Acesso em: 09 jul. de 2022.

MADALENO, R. *Curso de direito de família*. 7. ed. Rio de Janeiro: Forense, 2017.

NADER, P. *Curso de direito civil: direito de família*. Rio de Janeiro: Forense, 2011. v. 5.

7

ALIMENTAÇÃO NO SÉCULO XXI
AINDA ESTAMOS EVOLUINDO?

Esta leitura é um convite para refletirmos sobre a relação com a comida e adquirirmos ingredientes que vão além de calorias, nutrientes etc. Afinal, o ato de comer não é exclusivamente nutricional; compreende questões culturais, ancestrais, sociais, afetivas, educativas e, principalmente, deve ser prazeroso! Desfrute do alimento como amigo e não inimigo. Saboreie a leitura e descubra o poder da nutrição de prevenir, curar, ensinar e acolher!

MELINA CORTEGOSO FERREIRA

Melina Cortegoso Ferreira

Contatos
melina@nutricaoeequilibriokids.com.br
@nutricaoeequilibriokids.com.br
Instagram: @nutricionista_infantil
linkedin.com/in/melinacortegoso
Facebook: Nutrição e Equilíbrio Kids

Nutricionista infantil com mais de 15 anos de experiência clínica e hospitalar. Especialista em: Saúde Intestinal; Diabetes (Martha Amodio, 2021); Introdução Alimentar Participativa – BLW (Conalco, 2021); Nutrição em Oncologia (Fundação Antônio Prudente, 2013). Ultramaratonista. Pós-graduação em Nutrição Esportiva pela Universidade São Camilo (2019). Pós-graduação em Gestão de Negócios em Serviços de Alimentação pelo Senac (2006). Minha grande missão é fazer a diferença para essa geração da forma mais deliciosa: pelo poder do alimento.

A comida, além de nutrir o corpo, alimenta a alma. Determinadas preparações trazem boas lembranças quando vinculadas a algum momento especial, conceito popular- mente chamado como "comida afetiva" ou *comfort food*.

Comida afetiva é a nostalgia de acolhimento que sentimos ao provar determinado alimento, baseada em boas lembranças de vida, especialmente de preparações menos sofisticadas. Origina-se uma nova tendência, na qual o luxo está na simplicidade! Fortalecer laços gerados pela comida traz sentimentos, sociabilidade, hospitalidade, sendo capaz de transformar estranhos em amigos, e aguçar os sentidos sensoriais com sabor, aroma, textura e aparência capazes de estimular o apetite. Consequentemente, criam-se prazer e memórias afetivas com "gostinho de infância".

Porém, nos tempos modernos, estamos constantemente correndo contra o tempo. O ato de comer tem se tornado cada vez mais complicado, estamos mais sedentários e progressivamente conectados aos aparelhos eletrônicos, com o *smartphone* e a televisão presentes à mesa. Paramos de cozinhar e de nos reunirmos em família para compartilharmos nossas refeições.

Em minhas viagens, sempre busco conexões mais saudáveis de vida. Em uma delas, tive o privilégio de ficar hospedada no interior de Tocantins, um sítio longe da cidade em meio à natureza. Uma casinha simples, construída em madeira, cipó e barro pelo Seu David, cujo vizinho mais próximo mora a 10 quilômetros. Sem energia elétrica, televisão e sinal de celular, onde a conexão com a natureza é ilimitada.

O tempo voa, porém naquele lugar a sensação é de que estamos em outra era, onde tudo passa devagar. Seu David e Dona Antônia são moradores do Vale dos Pássaros há mais de 40 anos.

"Feliz aquele que transfere o que sabe e aprende o que ensina", disse Cora Coralina.

Toda jornada tem sua lição e, com muita emoção, compartilho com vocês um pouquinho de minha vivência com esse casal encantador, que é puro amor, sabedoria e lição de vida!

A alimentação é caseira, preparada no fogão à lenha, com temperos naturais, "sem venenos" (agrotóxicos), como diz Dona Antônia.

Nessa rotina muito bem preenchida, há tempo para praticar atividade física, cuidar dos animais, ler, agradecer e orar antes de todas as refeições.

Ao ser questionado sobre sua comida preferida, Seu David, com brilho nos olhos, lembra com emoção e alegria seu cardápio favorito: arroz, ovo cozido, molho de cebolinha e coentro colhido na horta. Esse prato fez parte de sua infância e faz parte da sua vida até hoje, na vida adulta.

Essa é uma comida que representa lembrança, simplicidade e saúde para Seu David, que em seguida cita Machado de Assis: "O que o berço dá, só o túmulo tira".

O que vivenciamos na infância fica marcado ao longo da vida; são coisas simples que se refletem no futuro!

O amor vive nas pequenas coisas. Está, por exemplo, nas pitadas de carinho e afeto ao preparar uma refeição que marcará um momento em família.

O problema é que essa forma de viver a vida está cada vez mais rara e fora da realidade da maioria das pessoas. Estamos construindo um mundo cada vez mais tecnológico e solitário.

No mundo moderno, estamos cada vez mais sozinhos, as refeições na maioria das vezes são realizadas de forma isolada, sem a união familiar e com a presença dos aparelhos eletrônicos.

As comidas preparadas por desconhecidos, em vez de familiares, chegam à mesa por aplicativos de *"deliverys"*.

Apesar dos grandes desafios para sermos saudáveis em tempos modernos, acredito que o ingrediente primordial para essa receita está no equilíbrio, sendo o caminho mais fácil de seguir e manter.

Para temperar melhor este capítulo, preparei algumas orientações simples para trazer saúde à sua mesa, com pitadas de sabor e praticidade.

Crie memórias

Não apenas com datas comemorativas. A refeição em família cria memórias e fortalece laços afetivos.

Se ainda não é um hábito em sua casa, comece aos poucos. Inicie aos finais de semana e evolua de forma gradual, de acordo com as possibilidades.

O amor é construído e fortalecido na rotina.

Inclua a criança na cozinha

Envolver a criança no processo desenvolve habilidades como motivação, autoconfiança e responsabilidades, além de estimular hábitos alimentares mais saudáveis desde cedo e desenvolver o vínculo familiar.

Desconecte-se do aparelho eletrônico e conecte-se com o alimento

Tão importante quanto o que comemos é como comemos!

O método *mindful eating,* termo do inglês que pode ser traduzido como "comer com atenção plena", surgiu na era digital, em que nunca estivemos tão desconectados com o alimento.

Essa filosofia promove a reconexão com o alimento e o corpo, sendo capaz de levar hábitos saudáveis para sua família.

Respeite os sinais de fome e saciedade para que a criança consiga se autorregular de forma saudável, sem excessos ou restrições.

Ensine-a a sentir as características do alimento, o aroma, a textura, e a comer devagar, mastigar bem os alimentos e apreciar cada garfada.

Estabeleça conexão familiar

O uso abusivo de aparelhos eletrônicos proporciona um estilo de vida mais sedentário.

Para todas as idades, é importante limitar o tempo, desconectar das telas durante as refeições e pelo menos uma hora antes de dormir.

É importante criar momentos de maior conexão familiar. Nada substitui o afeto humano!

Seja saudável: é prático e delicioso!

De forma estratégica, é possível driblar a falta de tempo e tornar o ato de cozinhar mais econômico (menos *delivery*), divertido e DESCOMPLICADO!

Vamos às compras! Alimentação saudável inicia-se com boas escolhas.

Cuidado com os produtos industrializados

Nos alimentos pré-fritos, o exagero de sabor e praticidade deve-se à adição em excesso de gorduras, para facilitar o preparo. Além disso, possuem açúcares e sódio em grandes quantidades para aumentar a validade do produto na prateleira e tornar o paladar cada vez mais "viciado" nesses sabores adicionados.

A verdade é que o nosso paladar é moldável e esses excessos, além de trazerem riscos para a saúde, também contribuem para alterar o paladar, tornando os alimentos naturais cada vez menos atrativos.

Diante disso, entendemos a grande importância da construção do paladar e de bons hábitos alimentares desde a infância.

Aprenda a ler corretamente o rótulo dos alimentos

Atenção à lista e ordem dos ingredientes do produto. Os produtos encontram-se sempre em ordem decrescente.

Ou seja, o primeiro ingrediente é aquele que está em maior quantidade no produto, e o último, em menor quantidade.

Evite ou compre com moderação produtos que contenham: açúcar, glutamato monossódico, corantes, gordura vegetal, gordura hidrogenada, gordura trans e aditivos químicos. Fuja também dos alimentos que contenham o "T" (que indica alimento transgênico) na embalagem.

Planeje-se – não existem hábitos saudáveis sem planejamento!

Seguir um cardápio semanal com lista de compras pode facilitar na organização e otimizar o tempo no mercado e na cozinha.

Prepare a lista de compras de forma consciente, pois é impossível ter a casa cheia de guloseimas e resistir a elas.

Tempere com amor

Capriche, usando menos sal e mais especiarias!

Alguns desses temperos possuem componentes que auxiliam na saúde intestinal, reduzem a carga glicêmica e melhoram a saciedade.

Exemplos: alho, cúrcuma, azeite de oliva, gengibre, alecrim, canela.

Sem proibição – com moderação!

Para crianças menores de 1 ano, não é recomendado o consumo de sal e, para menores de 2 anos, não é recomendado o consumo de açúcares.

Para crianças maiores, é importante educar sobre o consumo das adoradas guloseimas, com horários e quantidades adequadas, desde que não atrapalhem o apetite para a próxima refeição e, principalmente, que não tragam prejuízos para a saúde.

Proibir pode levar a um maior interesse pelas guloseimas.

Nutrir com educação é relevante para que as crianças cresçam com discernimento, para fazerem boas escolhas!

A alimentação saudável está na variedade; explore a riqueza de sabores da nossa natureza.

Todas essas orientações compõem a receita para uma vida mais saudável e devem ser incluídas de forma leve. Mude aos poucos, estabeleça metas realistas, suba um degrau por vez e não se esqueça: comemore cada conquista!

Pequenas mudanças trazem grandes resultados e os detalhes fazem toda a diferença.

Espero que tenha gostado e leve um pouquinho desta reflexão para o convívio familiar. Desfrute de uma deliciosa refeição em família, rica em nutrientes, e especialmente farta em memórias afetivas.

Cultivar hábitos saudáveis é simples e o comer bem é delicioso.

Faça a diferença nessa geração!

Bon apettit :)

Referencias

ANTONACCIO, C.; FIGUEIREDO, M. *Mindful eating: comer com atenção plena.* São Paulo: Abril, 2018.

ASSIS, M. de. Esaú e Jacó. In: *Obra completa.* Rio de Janeiro: Aguilar, 1985.

CORALINA, C. *Vintém de cobre: meias confissões de Aninha.* 9. ed. São Paulo: Global Gaia, 2007.

SOCIEDADE Brasileira de Pediatria. Manual de orientação para a alimentação do lactente, do pré-escolar, do escolar, do adolescente e na escola. *Departamento de Nutrologia.* 3. ed. Rio de Janeiro, RJ: SBP, 2012.

8

A ATITUDE DOS PAIS DIANTE DOS DESAFIOS

Uma das coisas mais difíceis na hora de educar é tomar a atitude correta diante dos momentos desafiadores que vivemos com nossos filhos. Ocorre que essas condutas, por muitas vezes, são inconscientes e impulsivas. Neste capítulo, refletiremos, juntos, sobre como essas atitudes erradas, diante de determinadas situações, podem afetar a criança emocional e psicologicamente, com grandes chances de terem reflexos para além da vida adulta.

PRISLA FERNANDES JEAN TRANJAN

Prisla Fernandes Jean Tranjan

Contatos
Instagram: @Prislatranjan
www.acomunicaçãoconsciente.com.br
prislatranjan@gmail.com.br

Mãe do Joaquim e da Ágata, empresária, *influencer* digital, consultora materna e educadora parental em Criação e Comunicação Consciente, certificada pelo instituto Te Apoio. Graduada em Direito pela Universidade Cândido Mendes (2012). Escritora e autora do livro infantil *Todo mundo vira borboleta,* sobre o luto infantil. Idealizadora e gestora de um grupo de apoio materno digital, com mais de 100 mães do Brasil. Sua maior conquista é criar e educar seus filhos integralmente; a maternidade ativa é a maior escola de evolução pessoal que se pode viver.

A maneira como falamos com nossos filhos se tornará a voz interior que eles ouvirão para o resto da vida

Antes de iniciarmos o assunto, gostaria de começar dizendo que a atitude dos pais diante das dificuldades é um dos principais fatores para conduzir de forma correta e consciente um momento desafiador, daqueles que nossos filhos nos trazem. Portanto, a ação certa ou errada tomada pelo pai ou pela mãe é capaz de alterar todo o rumo de uma "birra" daquelas.

É notável uma grande parte de pais olhando para suas próprias ações e buscando uma nova forma de educar, diferente daquela educação mais tradicional, se assim posso dizer, que nossos pais tiveram.

Assim, vamos observar as atitudes tomadas pelos pais antigamente, em que a família era formada por uma hierarquia patriarcal. A criança, até algum tempo atrás, não tinha direitos, simplesmente porque era criança. Você já deve ter ouvido falar que as formas de corrigir antigamente eram mais agressivas, como a palmatória ou se ajoelhar no milho, por exemplo. Hoje, essas práticas são consideradas maus-tratos, por motivos óbvios.

O que essas práticas de correção devem ter desencadeado emocionalmente dentro de cada uma dessas crianças? Já parou pra pensar como isso se reflete nas atitudes que essas crianças um dia tomarão quando se tornarem adultas?

Por isso, é de suma importância que os pais consigam identificar qual a melhor forma de conduzir uma situação desafiadora. Se não identificarmos e adequarmos na infância nosso modo de lidar com os desafios e de corrigir nossos filhos, as atitudes inadequadas se refletirão no comportamento delas por longos anos.

Você sabe o que acontece no cérebro da criança quando gritamos com ela? Muitos estudos já mostram quais são os malefícios de gritar com uma criança. Nosso sistema de alarme se ativa e libera cortisol, o hormônio do estresse, que tem como finalidade habilitar as condições físicas e biológicas necessárias para fugir ou lutar.

Muitos adultos, inconscientemente, acabam por gritar com as crianças, forçando-as a realizar tarefas que não querem, ou quando simplesmente querem repreendê-las. O preocupante é a facilidade com que alteramos o tom de voz, sob o pretexto de educar. Quando gritamos com uma criança, não estamos educando ou ensinando: estamos tão somente mostrando que não somos capazes de nos controlar e conversar com respeito. Mostramos a ela que nós próprios estamos num estado de tensão que não conseguimos administrar.

Gritar sempre traz severas consequências para a criança. Quando um adulto o faz, ela fica assustada e, na maioria das vezes, obedece com base no medo e não por compreender o que o adulto está tentando transmitir com a mensagem. A criança acaba por obedecer apenas por "sobrevivência", não compreendendo como deve de fato proceder.

Os contínuos gritos têm impacto no cérebro humano e no desenvolvimento neurológico da criança, já que o ato de gritar tem uma finalidade muito concreta em todas as espécies: alertar um perigo.

Uma prática que funciona muito bem na hora de conseguirmos que nossos filhos cumpram com suas obrigações e responsabilidades e, em vez de ordenar e mandar, transformar tudo em uma brincadeira!

Por exemplo, quando seu filho não quiser ir tomar banho e estiver armando aquela tempestade, em vez de ordenar, diga: "Qual a brincadeira que vamos fazer hoje no banho? Qual brinquedo que você quer levar?" Se a criança não quiser escovar os dentes, transforme a escova em um super-herói, que vai vencer as cáries supervilãs na batalha da boca suja, por exemplo.

Como citei anteriormente, as crianças passam o dia inteiro escutando o que devem e o que não devem fazer, e isto normalmente já as torna menos flexíveis a cumprir ordens.

Agora que já refletimos sobre algumas práticas, vamos avaliar juntos: qual atitude devemos tomar diante de uma situação desafiadora?

Quem já viu aquela clássica cena da criança jogada no chão de uma loja ou de um mercado, berrando, fazendo aquele escândalo? A atitude de mãe é, por instinto, dizer "Eu vou embora sem você, tchau!". E sai, virando as costas e andando em direção contrária ao filho. Nessa hora, qual é a atitude da criança? Sair correndo atrás da mãe, certo?

Pois bem. Instintivamente, a criança corre porque, quando a mãe vira as costas indo embora, na mesma hora é ativado no cérebro da criança um alerta de perigo, o mesmo ativado quando gritamos. Um sistema de alarme se ativa e libera cortisol, o hormônio do estresse, que tem como finalidade habilitar as condições físicas e biológicas necessárias para fugir ou lutar. Mais adiante, trarei algumas técnicas para serem usadas em situações como esta que exemplifiquei.

A atitude que os pais devem tomar diante de um momento desafiador precisa começar pela empatia. Coloque-se no lugar da criança! Por que será que está tão chateada? O que está querendo dizer com determinada ação? Devemos tentar manter a calma e não gritar. Pode acreditar: gritar não vai acalmar a sua criança e, se ela se "acalmar", será simplesmente por medo.

Se abaixar pra falar com a criança na sua altura também é de grande ajuda, já que nesse momento ela já está se sentindo ameaçada o suficiente, por não estar em um nível de poder. Acredite: para os filhos, é muito difícil não poder escolher por eles mesmos 24 horas por dia todos os dias da semana. Por isso que o vínculo afetivo nos primeiros anos de vida é essencial: para criar pessoas emocionalmente inteligentes.

A visão de mundo das crianças é formada pelo modo como elas são tratadas. Já ouviu dizer que a criança reflete o que vive? Pois bem; é na primeira infância que absorvemos o máximo de sentimentos e informações que nos acompanharão para o resto da vida. Tudo o que passamos, como os momentos felizes, traumas, medos, angústias, vão se refletindo na personalidade do adulto que nos tornamos. Já repararam que repetimos muitos dos defeitos dos nossos pais?

Temos que parar para pensar, enxergar aquilo que não gostamos em nós, e procurar não repetir erros do passado com nossos pequenos. Por mais que muitas vezes esses erros aconteçam inconscientemente, uma boa maneira de começar a quebrar este ciclo é admitir o erro para a criança, dizer que se arrepende de sua conduta e pedir desculpas por sua atitude. Por isso a grande importância de prestar bastante atenção ao que nossas crianças estão vivendo e aprendendo durante a infância!

A criação do vínculo afetivo é um dos pilares de uma educação socioemocional. É muito importante que os pais sejam próximos de seus filhos, para poderem ajudá-los a entender suas próprias emoções, método chamado de alfabetização emocional, em que a criança passa a aprender e entender não apenas suas emoções, mas também as das pessoas ao seu redor. Essa técnica educacional tem base na convivência colaborativa, na qual pais e filhos aprendem juntos. Com a disciplina positiva, abre-se mão de castigos, brigas, ameaças e recompensas para conseguir que os pequenos façam algo.

A seguir, dou três sugestões para aplicar a alfabetização emocional com seus filhos:

1. Dê o exemplo

Os filhos se espelham no comportamento das pessoas com quem têm maior convívio. Para conseguir falar de sentimentos com eles, em primeiro lugar, é preciso mostrar que você também sabe expor suas próprias emoções.

2. Converse com seus filhos

Para uma criança expressar seus sentimentos da melhor forma, ela precisa aprender a se comunicar de maneira natural. Conversar com seus filhos demonstra que você os respeita; leve a opinião deles a sério e mostre, desde cedo, que eles são responsáveis por seus próprios atos.

3. Ajude a criança a pensar

Questione comportamentos e ações de seus filhos e os faça pensar no que estão sentindo. Por exemplo: "Por que você está com raiva?", "Como você se sentiu ao compartilhar seus brinquedos?". Esses estímulos ajudam os pequenos a encontrar lógica em suas ações e, consequentemente, fazer uma ligação positiva entre o certo e o errado.

As convicções e as atitudes dos pais exercem grande influência no desenvolvimento infantil. A relação entre pais e filhos tem peso em grande parte das esferas do desenvolvimento da criança. Além das sugestões para uma alfabetização emocional, trago algumas técnicas dentro da disciplina positiva para exercer práticas eficientes diante das situações desafiadoras:

Pare e pense antes de fazer

Quando a criança faz algo que nos tira do sério, reagimos pelo impulso, acabarmos por perder o controle e partir para a agressão verbal ou física. Reações assim não ajudam em nada a resolver aquele comportamento inadequado, ao contrário, somente pioram a situação. Antes de tudo, pare e respire fundo, para assim decidir o fazer. Você também pode levar a criança para outro lugar, em que consigam conversar mais tranquilamente, se por exemplo, ela estiver fazendo aquele escândalo em um local público.

Dê um tempo para que tanto você quanto a criança se acalmem, antes de conversarem sobre o que aconteceu. Você pode inclusive sinalizar a ela, dizendo mais ou menos assim: "Isso que aconteceu não foi legal, mas quando eu/você estiver mais calmo(a), nós iremos conversar".

Mude o foco

Mudar o foco é uma ótima saída para aqueles momentos em que achamos que nada nesse mundo fará a criança parar de gritar ou de chorar. Aponte para um avião passando, para um brinquedo dentro de casa – se conseguir usar o bom humor nessa hora, melhor ainda. Ela vai se distrair e talvez até se esquecer daquilo que deu origem ao problema.

Em vez de mandar, pergunte

Em vez de ordenar, aos berros ou não, que ela guarde os brinquedos, você pode instigar uma ação da parte dela com perguntas, como quando a criança derrama o suco no chão. Em vez de fazer um sermão e ir lá limpar, você pode perguntar: "Tem alguma ideia de como resolver esse problema?". "O que você pode fazer em relação a isso?" Foque na solução, não no problema! Permita, então, que a criança proponha uma solução, com a sua ajuda se necessário.

Aplique a consequência lógica

Não se deve associar uma causa a um efeito que não esteja relacionado a ela, ou esse efeito deixará de ser uma consequência e passará a ser apenas uma ameaça sem sentido. Se ensinarmos à criança que "manda quem pode, obedece quem tem juízo", ela não saberá reagir se, um dia, quem estiver no comando fizer mal a ela. Devemos ensiná-la que todas as nossas escolhas têm consequências e que nem sempre elas são boas para todo mundo. Porém, é importante lembrar que a ferramenta da consequência lógica deve atender a três princípios. São eles:

A consequência em si deve ter relação com o comportamento e deve ser antecipada, dando à criança a chance de escolher o que quer fazer. Por exemplo, se a criança que não quer comer, você pode explicar a ela que, se ela sentir fome antes da próxima refeição, não poderá comer biscoito, e sim a refeição.

É razoável dizer que, se não almoçar agora, ela ficará sem comer até o dia seguinte? Não. Mas não tem problema determinar o que ela não poderá comer antes do café da tarde. Dá para avisar antes à criança da consequência lógica de não comer, para que ela possa decidir o que fazer. Com esta ferramenta, você ajuda a criança a desenvolver seu senso crítico, para que lá na frente ela seja capaz de tomar melhores decisões.

Usar comandos simples e diretos ao pedir algo à criança

A imaturidade do cérebro infantil muitas vezes não lhe permite entender o não. Sendo assim, evite frases que comecem com essa palavra, como "não suba", "não entre" e "não corra". Ou o mais provável será a criança fazer justamente o que você está pedindo a ela que não faça.

Substitua essas frases negativas por: "desça daí", "fique aqui" ou "ande devagar". Com comandos simples e diretos, a criança entenderá muito melhor o que você está dizendo e, finalmente, poderá obedecer.

Praticar a escuta ativa

A criança veio contar uma coisa que aconteceu com ela? Muitas vezes pode ser algo banal pra você, mas pra ela provavelmente trata-se de um fato muito importante. Portanto, pratique a escuta ativa, ouça com atenção, olhando pra ela e não para a tela do celular ou do computador. Essa conexão gera confiança, aumenta o vínculo e tem um impacto direto no comportamento da criança.

Outra atitude muito importante, se não a mais importante de todas que os pais devem fazer, é pedir perdão aos filhos. Esta atitude tem uma grande importância emocional e neurológica. É nesse momento que mostramos aos pequenos que os adultos também erram, se estressam e, principalmente, também se desculpam. Está tudo bem errar, mas se acalmar e se desculpar fazem parte desse processo, e seu filho precisa saber que você é capaz de se acalmar mesmo com sentimentos adversos.

Seu pequeno não tem culpa do dia ruim que você teve. Não tem culpa de suas frustrações. Muito menos tem culpa dos problemas do seu trabalho. Então, se errar, não deixe de pedir perdão!

Espero que este capítulo auxilie no relacionamento dos pais com seus filhos.